Children's Advocacy Services in the UK - Policies and Practices

イギリスの
子どもアドボカシー
その政策と実践

堀 正嗣 編著
Edited by Hori Masatsugu

栄留里美、河原畑優子、ジェーン・ダリンプル 著
Eidome Satomi, Kawarabata Yuko and Jane Dalrymple

明石書店

まえがき

　本書はイギリスの子どもアドボカシーの政策と実践を日本に紹介することを目的としている。

　イギリスは1889年に最初の児童虐待防止法が成立するなど、子どもの権利擁護に長く取り組んできた国である。また古くから慈善組織化活動やセツルメントの伝統があり、市民が自発的に子どもの支援や権利擁護を行ってきている。このような歴史を引き継いで、今日のイギリスでも民間のチャリティー団体やボランティアの市民が子どもの権利を守るアドボカシー活動を活発に展開している。その影響によって児童福祉施策が発展し、子どもの参加と意見表明を徹底して保障する「独立／専門アドボカシー」（Independent advocates/ Professional advocates）という世界でも先進的な制度と実践が生まれてきたのである。

　一方日本政府は、「児童相談所を含む児童福祉は子どもの思いをほとんど重視していないことを懸念」し対策を講じるよう求める勧告を、国連子どもの権利委員会より2010年6月に受けている（CRC 2010）。本書が、子どもの意見や思いを重視する政策と実践が日本でも発展する一助になることを願っている。

　本書の内容構成は以下のようになっており、独立アドボケイトの実践を中心としつつも、順を追って読むことでイギリスの子どもアドボカシーの全体像が理解できるように編集している。

　まず序章で、イギリスの子どもアドボカシーを理解する上で必要な英国の政治制度、子ども施策、児童福祉の対象となる子どもの概念、子どもアドボカシーの概念と基本的な考え方を整理する。子ども・児童・若者の区別や「ニーズのある子」（Children in need）の意味など、本書で使用する基本的な用語の説明もしているので、他の章を読む前に目を通していただきたい。

　次に第1章ではイギリスの子ども参加とアドボカシーを支える制度政策を整理する。

　第2章・第3章では、英国の子ども達全体に国家的なアドボカシーを提供

している子どもコミッショナーの制度と実践を紹介する。

　第4章ではイギリスの子ども保護ソーシャルワークの特徴とその中で子どもの参加がどのように行われているかを取り上げる。ソーシャルワーカーは業務の重要な一部としてアドボカシーを行っているが限界もある。それが独立アドボケイトが必要とされる理由でもある。

　第5章・第6章・第7章はファミリー・グループ・カンファレンスと苦情解決を中心に、独立アドボケイトがどのようにして1人ひとりの子どもの支援を行うのかを、事例を含めて詳述した。また独立アドボケイトの意義と課題についても整理している。

　第8章は権利侵害を受けやすく、意見表明が困難な子どもへのアドボカシーの実践として障害児へのアドボカシーサービスを取り上げた。

　第9章はアドボケイトの養成と提供であり、アドボケイトの養成課程や資格、行政とチャリティー団体との委託契約、スーパービジョン等について論じた。

　第10章はボイス・フロム・ケアという団体の活動の検討を通してピアアドボカシーがどのように取り組まれているかを、第11章は障害児協議会の活動の検討を通してシステムアドボカシーの実践を紹介した。

　終章は、アドボカシーサービス発展の経緯及び2010年5月の政権交代後のアドボカシーサービスを巡る現状と将来の展望について論じている。ジェーン・ダリンプルの書き下ろし原稿である。

　私と栄留里美（配偶者）は2009年に『子どもソーシャルワークとアドボカシー実践』（明石書店）を出版した。前著では、先行研究と関係資料に基づいて、子どもアドボカシーの意味、イギリスの子どもアドボカシーの背景にある政策と基本的考え方、実践の概要と課題、日本への示唆を明らかにした。その後私たちは、2009年9月から2010年8月までの1年間イギリスに滞在し、研究に専念する機会を得た。その間文献・資料の収集と共に、関係機関の視察とインタビュー調査を行った。また現地で、現役の子どもソーシャルワーカーであり子どもの参加に強い関心を持っている河原畑優子さん、子どもアドボカシー研究の第一人者であるジェーン・ダリンプルさんとの出

会いに恵まれた。ダリンプルさんをはじめ多くの関係者のご支援をいただきながら、私たちは共同でイギリスの子どもアドボカシー研究を行ってきた。本書はその成果をまとめたものである。

　本研究をまとめることができたのは、様々な皆さんのお力添えのお陰である。まず在外研究の機会を与えていただいた本務校である熊本学園大学の皆様、また客員研究員として受け入れすばらしい研究環境を提供していただいたリーズ大学の皆様、とりわけ障害学研究センター長のコリン・バーンズ先生に謝意を表したい。さらにアドボカシー研究に関して、多くの機関や個人をご紹介いただく等全面的な支援をいただいたジェーン・ダリンプル先生にお礼を申し上げたい。またお忙しい中時間を割いてインタビューに応じていただいたことはもとより、貴重な資料や情報を提供していただき、また原稿執筆の過程においても丁寧に質問に答えていただいた数多くのイギリスの関係者の皆さまにもお礼を申し上げたい。日本に子どもアドボカシーを伝えたいという皆さんの熱意とご支援がなければ本書を出版するのは不可能であった。

　出版に関しては明石書店の石井昭男社長と森本直樹編集長、閏月社の徳宮峻さんにお世話になった。厚くお礼を申し上げたい。

2011年5月5日

堀　正嗣

凡例

1 各章では、所々コラムを設け、具体的なエピソードや事例を紹介している。
2 文献はすべての章で引用・参照したものについて、巻末に一括してアルファベット順に表示した。
3 著者が機関や団体で複数回名称を記載する場合には、本文中では（WAG 2009）のように略し、巻末の文献で WAG（Wales Assembly Government）のように正式名を記載する。
4 インタビュー調査のトランスクリプトについては、巻末の文献リストにおいて「Floris, C, Personal Interview, 9th June 2010.」のように示し、本文中でそれを引用・参照した場合には（Floris , interview）のように表示する。
5 イギリス独自の制度や概念等について、原則として初出時のみ脚注又は本文内で解説する。英語の人名、制度、文書等についても、本書全体を通して原則として初出時のみ原文を示す。理解しづらい概念等がある場合には、索引により初出を探し参照していただきたい。
6 イングランド・ウェールズ・スコットランド・北アイルランドを含む連合王国全体を指す場合は「英国」と表記し、イングランド・ウェールズの2国のみを指す場合は「イギリス」と表記する。
7 0-4歳（Early years）を「乳幼児」、5-13歳（Children）を「児童」、14-19歳（Young people）を「若者」と基本的に翻訳した。19歳以下（ケアの必要性がある場合24歳以下）である Children and Young people、または年齢区分が明らかでない場合の Children を「子ども」と翻訳した。ただし、法律や政策に関するものについては、慣例に従い、Child は「児童」、Children and Young people は「児童若者」と翻訳した。
8 ポンドから円への為替に関しては「£1=135円」で換算している。

目次

まえがき　3

序章
イギリスの子どもアドボカシーを理解するために
15

 はじめに……………………………………………………………15
1　地方分権と各地の特徴…………………………………………15
2　子どもの概念……………………………………………………17
3　近年の子ども施策の概要………………………………………20
4　子どもアドボカシーの概念……………………………………23
 （1）子どもの権利条約のインパクト　23
 （2）子どもアドボカシーとは　24
 （3）子どもアドボカシーの基準　26
 （4）アドボカシージグソー　28
5　現地調査の概要…………………………………………………31

第1章
イギリスの子ども政策における参加とアドボカシー
35

 はじめに……………………………………………………………35
1　子ども参加の歴史………………………………………………35
2　現在の子ども参加に関わる政策………………………………37
 （1）法律・条約　37
 （2）政策・ガイドライン　38
 （3）子どもの声を届ける新しい職種　38
3　市民団体による子どもアドボカシー…………………………40
 （1）チャリティー団体によるアドボカシーサービスの発展　40

(2) ボイス　41
　　(3) 全国青年アドボカシーサービス（NYAS）　42
　　(4) 当事者団体によるアドボカシーの発展　43
4　アドボカシーサービスに関する政策………………………………44
　　(1) 育成を受けている子ども・
　　　　ニーズのある子ども・ケアリーバー　44
　　(2) 公的医療・精神保健に関わるアドボカシーサービス　47
5　ウェールズのアドボカシーサービス…………………………………47
6　アドボカシーサービス政策の関連職種…………………………………49

第2章
子どもコミッショナーによるアドボカシー実践
　　──ウェールズと北アイルランドを中心に
51

　はじめに………………………………………………………………51
1　子どもコミッショナーとは…………………………………………51
2　英国における子どもコミッショナーの成立………………………53
　　(1) 子どもコミッショナーの設置　53
　　(2) 国連子どもの権利委員会への子どもコミッショナーレポート　54
　　(3) 英国子どもコミッショナーの比較　55
3　ウェールズ子どもコミッショナーの権限と活動……………………56
　　(1) 根拠法と権限　56
　　(2) 活動の概況　58
　　(3) ウェールズ政府との協働　58
　　(4) アドバイザリーグループと学校大使　60
　　(5) 相談・支援活動　61
4　北アイルランド子どもコミッショナーの権限と活動………………63
　　(1) 根拠法と権限　63
　　(2) 活動の全体像　64

（3）権利実現キャンペーンと議会への働きかけ　64

　　（4）若者委員会と子ども参加　66

第3章
子どもコミッショナーの意義と課題
──スコットランド・イングランドを中心に
69

　はじめに……………………………………………………………………69

1　スコットランド子どもコミッショナーの権限と活動……………69

　　（1）根拠法と権限　69

　　（2）活動の概況　71

　　（3）4つの戦略目標　71

2　イングランド子どもコミッショナーの権限と活動………………74

　　（1）根拠法と権限　74

　　（2）活動の概況　75

　　（3）子どもコミッショナーの家　76

　　（4）積極的貢献に関する活動
　　　　──引き継ぎの日（Takeover day）　77

　　（5）苦情・精神保健・少年司法・保護・難民に関する活動　78

3　子どもコミッショナーの意義と課題…………………………………80

　　（1）子どもコミッショナーの意義　80

　　（2）子どもコミッショナーの課題　82

第4章
イギリスの子ども保護ソーシャルワークの特徴と子ども参加
85

　はじめに……………………………………………………………………85

1　イギリスの子ども保護ソーシャルワークの仕組み………………85

2　子ども保護ソーシャルワークチームの構成 ……………………… 89
3　近年の動向　ベイビーP事件 ……………………………………… 90
4　子ども参加の実際 …………………………………………………… 93
5　子ども保護ソーシャルワーカーとしての
　　アドボカシーの必要性と限界 …………………………………… 97

第5章
ウィルトシャー州における独立アドボケイトの実際
――ファミリー・グループ・カンファレンスを中心に
101

　　はじめに ……………………………………………………………… 101
1　FGCとは何か ……………………………………………………… 101
2　ウィルトシャー州のアドボカシーサービスの概要 …………… 103
3　ウィルトシャー州におけるFGCのアドボカシー提供の手順 … 105
　（1）アドボカシー利用の選択　105
　（2）事前準備　107
　（3）FGC開催中　109
4　FGCにおける独立アドボケイトの事例（事前準備）………… 110
5　ウィルトシャー州における独立アドボケイトの特徴 ………… 112

第6章
ファミリーグループ・カンファレンスにおける
独立アドボケイトの意義と課題
117

　　はじめに ……………………………………………………………… 117
1　様々なケース会議と子ども参加 ………………………………… 117
2　FGCへの子ども参加 ……………………………………………… 118
3　FGCにおける独立アドボケイトの役割 ………………………… 120
　（1）独立アドボケイトの背景　120

(2) 実際の役割　122
4　FGC における独立アドボケイトの意義と課題 ················· 124
　　(1) 独立アドボケイトを利用した子どもの声　124
　　(2) 家族サポーターと独立アドボケイトの比較　125
　　(3) 家族サポーターの利益と不利益　125
　　(4) 独立アドボケイトの利益と不利益　127

第 7 章
ウェールズの苦情解決制度における子どもアドボカシー
131

　　はじめに ·· 131
1　苦情の定義・対象 ·· 131
2　苦情解決制度の歴史 ·· 133
3　苦情解決制度の仕組み ·· 135
4　苦情解決制度とアドボケイトの利用 ································ 138
5　アドボケイトの役割 ·· 140
6　アドボケイトの評価 ·· 141
7　ウェールズの新しい取り組み ······································ 143

第 8 章
障害児の参加とアドボカシー
145

　　はじめに ·· 145
1　「障害の社会モデル」と障害児アドボカシー ························ 145
2　障害児へのアドボカシーの重要性と意味 ···························· 147
3　障害児アドボカシーの実践 ·· 151
4　障害児の意見表明権 ·· 154

5 障害児アドボカシーにおける指示的アドボカシーと
   非指示的アドボカシー ………………………………………… 156
6 障害児アドボカシーの障壁 ………………………………………… 159
7 障害児の参加とアドボカシーをめぐる根本問題 ………………… 161

第9章
子どもアドボケイトの養成と提供
163

　　はじめに ………………………………………………………………… 163
1 アドボケイト養成の方法 ………………………………………………… 163
2 「独立アドボカシー」の資格 …………………………………………… 164
3 選択ユニット「子ども独立アドボカシー」 …………………………… 166
4 養成講座への若者の参加 ……………………………………………… 168
5 アドボケイト養成の課題 ………………………………………………… 169
6 アドボケイトの雇用形態 ………………………………………………… 171
7 アドボケイトのスーパービジョン ……………………………………… 172
8 子どもとのアドボカシー契約 …………………………………………… 173
9 アドボカシーサービス提供の課題 …………………………………… 176
資料　独立アドボケイト養成の到達目標 ……………………………… 177

第10章
社会的養護とピアアドボカシー
──ボイス・フロム・ケアの取り組みから
183

　　はじめに ………………………………………………………………… 183
1 ピアアドボカシーについて ……………………………………………… 183
2 ボイス・フロム・ケアについて ………………………………………… 186
　（1）ボイス・フロム・ケアのなりたち　186

(2) ボイス・フロム・ケアの活動内容　187
　(3) 現在の活動内容　191
　(4) ボイス・フロム・ケアの独自の取り組みと
　　　子どもの参加状況　193
　(5) 活動の課題　196

　おわりに　198

第11章
障害児とシステムアドボカシー
―― 障害児協議会の取り組みから ――
199

　はじめに ……………………………………………………………… 199
1　システムアドボカシーとは ……………………………………… 199
2　障害児協議会の成り立ちと活動 ………………………………… 201
3　障害児協議会の活動への障害児の参加 ………………………… 203
　(1) 活動目的とプロセスへの障害児の参加　203
　(2) 障害児協議会の活動への障害児の参加　205
4　障害児の参加の基盤 ……………………………………………… 206
5　障害児のサービス計画・提供への参加 ………………………… 207
6　政策への障害児の参加と意見表明 ……………………………… 210
　(1) 「すべての障害児は大切」運動　210
　(2) もし1つ変えられるとしたら　211
　(3) 行きたい場所に行く　212
　(4) 変革のための障害児マニフェスト　213
7　「市民としての障害児」の権利実現をめざして ……………… 215

終　章
英国における子どもアドボカシーサービスの発展と今日的課題
217

1　英国における子どもアドボカシーの発展 …………………………217
2　英国における子どもアドボカシーサービスの基本原則 ……………218
　　(1) 独立アドボカシーの意味と4つの基本原則　218
　　(2) 独立性　219
　　(3) 守秘　223
　　(4) 若者主導　225
　　(5) エンパワメント　227
3　英国における独立アドボカシーの展望 ……………………………229

コラム

　若者議会　40
　引き継ぎの日　78
　子ども保護ソーシャルワーカーの就職面接における子ども参加　96
　障害児自身が再検討会議をリードする　150

文献　235
索引　248

序章
イギリスの子どもアドボカシーを理解するために

はじめに

本書で取り上げる子どもアドボカシーはイギリス独自のものであり、イギリスの制度や文化、児童福祉施策に根ざして発展してきたものである。ここではイギリスの子どもアドボカシーを理解する上で必要となるイギリスの政治制度、子ども政策の概要、子どもとアドボカシーの概念を整理する。また本書はイギリスで収集した資料・文献と共に、関係団体・関係者へのインタビュー調査に基づいている。そのインタビュー調査の概要についても述べる。

1 地方分権と各地の特徴

英国の正式名称は「グレートブリテン及び北アイルランド連合王国（United Kingdom of Great Britain and Northern Ireland）」という。通称英国は、イングランド、スコットランド、ウェールズ、北アイルランドの4つの国（country）から構成される立憲君主制国家であり、英連邦王国の一国である。

英国議会は衆議院（House of Commons）と貴族院（House of Lords）の二院制である。1911年に制定された議会法により、「衆議院の優越」が定められている。1996年に北アイルランドに、1999年にはスコットランドとウェールズに議会が設置され自治が始まった。これらの議会には広範な立法権限が英国議会によって与えられている。英国議会は憲法、防衛および国家安全保障、雇用、外交政策（移民政策を含む）、財務・経済・通貨システム、社会保障等の英国全体に関わる事項については立法権を委譲していない。しかしそ

れ以外の経済開発、教育、環境、司法、警察、消防、地方自治、社会福祉等については、各国議会が自由に立法できる。従って本書で取り上げる児童福祉に関する立法も各国議会が独自に行っており、その内容は異なっている。

英国を構成する四国はそれぞれ独自の文化と歴史を持っている。イングランドは英国の政治・経済・文化の中心であり、グレートブリテン島の南部の3分の2を占める。人口は約5146万人（2008年）であり、英国総人口の83%以上を占める（Office for Natinal Statistics 2009）。

ウェールズはもともとケルト人の国であり、アングロ・サクソン人支配に抵抗してきた歴史がある。現在でもケルト文化が生活に根ざしており、英語と並んでウェールズ語が公用語である。面積は約20720平方キロ（四国と東京都を合わせた面積とほぼ同じ）であり、人口約299万人（2009年度、茨城県とほぼ同じ）である（ibid）。

スコットランドも、1707年の合同法までは独立したスコットランド王国であり、スコットランド・ゲール語が話されていた。イングランドとの激しい戦闘の結果、征服されたのである。面積は約78772平方キロ（北海道よりやや狭い）であり、人口約517万人（福岡県とほぼ同じ）である（ibid）。

アイルランドは1801年にイングランドと合併するまでは独立国であり、アイルランド語が話されていた。1931年のウェストミンスター憲章で独立を回復しイギリスと対等な主権国家となるが、北部アルスター地方の6州は英国に留まることを選択した。これが北アイルランドである。面積は約13843平方キロ（福島県とほぼ同じ）で人口約178万人（鹿児島県とほぼ同じ）である（ibid）。

本書ではイングランド及びウェールズを指す言葉として「イギリス」を使用する。スコットランド・北アイルランドを含む連合王国全体を指す場合は「英国」と表記して区別する。

なお本書は、第3章を除き、イングランドとウェールズにおける子どもアドボカシーを主たる対象としている。両国には活発な交流があり、児童福祉に関連する法律・制度も共通するものが多いからである。また子どもの独立アドボカシーサービスが生まれ発展してきた国であるということも両国を主

図０−１　英国内の４つの国

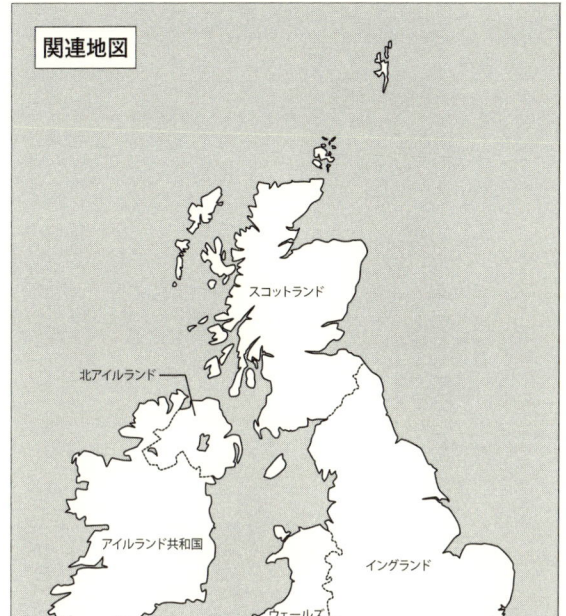

（出所）出口ら 2009：780

たる対象とする理由である。

2　子どもの概念

　神（2009：208）は「英国の政策では、一般的に、子どもの年齢を 0-4 歳（Early years）、5-13 歳（Children）、14-19 歳（Young people）のステージに分けて区分し、それぞれのステージに合った政策を策定することが多く見られ

る。(但し、公的文書の中で子ども政策の射程年齢である19歳以下（ケアの必要性がある場合24歳以下）を一括してChildrenとすることもある）」としている。本書ではこれを踏まえて、0-4歳（Early years）を「乳幼児」、5-13歳（Children）を「児童」、14-19歳（Young people）を「若者」と基本的に翻訳した。

19歳以下（ケアの必要性がある場合24歳以下）であるChildren and Young people、または年齢区分が明らかでない場合のChildrenを「子ども」と翻訳した。ただし、法律や政策に関するものについては、慣例に従い、Childは「児童」、Children and Young peopleは「児童若者」と翻訳した。

次にイギリスのケアを受けている子どもの呼称について説明したい。図０－２はイギリスの児童ケアを受けている子どもの呼称と数である。

図０－２　イギリスの児童ケアを受けている子ども

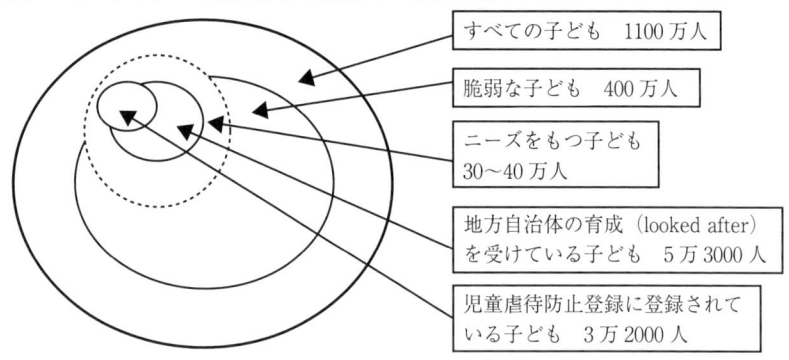

（出所）田邉2006：16

この図の「ニーズをもつ子ども」（Child in need）〔以下本書では「ニーズのある子ども」とする〕は、1989年児童法（The Children Act 1989）17条の定義では次の（a）から（c）のいずれかである。

(a)この条項に基づく地方自治体の施策なしには、通常の健康や発達が達成あるいは維持できない、または、そうなる機会が得られないと思われる子ども
(b)上記のような施策なしには健康や発達が深刻に阻害される、あるいは

いっそう阻害されるおそれのある子ども
(c)障害のある子ども（DoH ら =2002：57）

「ニーズのある子ども」にあてはまるのか、「重大な侵害*1 を受けている、あるいは受けている疑いのある」（1989 年児童法 47 条）ケースなのかを、「ニーズのある子どものアセスメントフレームワーク」を用いて初期アセスメントで判断する（詳細は第 4 章 1 参照）。

「ニーズのある子ども」には以下のような状態にある子どもが含まれている。

　　精神保健上の問題がある／障害がある／退学処分を受けている／停学処分を受けている*2／難民または同伴者のいない未成年*3／ホームレスのために避難している／ホームレスのため保護施設にいる／ホームレスまたは不十分な住宅に住んでいる／家から離れて居住型の入所施設や寄宿学校・セキュアユニット*4・矯正施設または独立した病院に入所している／非行（虞犯を含む）のため少年司法システムで保護や矯正を受けている／ヤングケアラー*5／虐待やネグレクトを受けている、または受ける可能性がある／就学年齢である母親（WAG 2009：18）。

＊1　1989 年児童法 31 条 9 項では重大な侵害を「不適切な養育や子どもの健康と発達を損なうこと」と定義している。この広い定義は、身体的なもの以外の形態の不適切な取り扱いと共に、身体的及び性的虐待を含んでいる。子どもが重大な侵害を受けている、あるいは受ける恐れがあると疑う合理的な理由があるときには調査する法的責任が地方自治体にはある。
＊2　「子どもの行動などが原因で学校から永久に、あるいは一定期間停学扱いを受けている子ども」（Advisory Centre for Education 2011）。
＊3　「難民申請中あるいは難民認定を受けた子ども、あるいは保護者を同伴せずに入国した EU 圏外あるいは無国籍の受け入れ先のない子ども」（International Organization for Migration 2011）。
＊4　重大な侵害を受けるか自傷他害の恐れがある子どもを入所させ手厚いケアや治療を行う施設（1989 年児童法 25 条）。
＊5　疾病や障害を持つ親族をケアする責任を負っている主に 18 歳未満の子ども（柴崎 2005：125-6）。

「育成を受けている子」(Looked after children) は、1989年児童法22条の定義によると、「(a) ケア下にある、または (b) 地方自治体によって住居を提供されている子ども」である。ケア下にある子ども (child in care) とは、裁判所からのケア命令により保護者と離れて施設や里親と住んでいる子どもを指す (Davis 2009: 283)。さらに、たとえ親と住んでいても、ケア命令の子どもも「育成を受けている子」となる (Brammer 2010)。ケア命令とは、子どもの要保護性と親の有責性の立証が成立した後、子どもに対する権利義務を地方自治体へと移転する裁判所の命令のことである（詳細は第4章1参照）。

3 近年の子ども施策の概要

1889年に最初の児童虐待防止法が成立するなど、英国は子ども保護に長く取り組んできた国である。とりわけ1970年代から1980年代には、行政の関与にも関わらず虐待死事件が起き社会問題化する。それに対する大規模な調査が行われ、調査結果が施策に反映されてきた。当時制定された1989年児童法 (Children Act 1989) は、現在でも児童福祉施策を進める基礎となる法律である。また育成を受けている子ども当事者の声を聴取する研究や育成を受けている子ども当事者の運動が1970年代から始まっている (津崎1990)。

1997年に労働党が政権交代を果たし、児童福祉施策が大きく転換した。労働党は教育を最優先課題の一つに掲げ、教育・福祉問題の背景にある貧困問題にも力を入れた。さらに、育成を受けている子どものケアの質向上を目指したクオリティ・プロテクツ (Quality Protects) (DoH 1998) を1998年から約5年間取り組んだ。それに伴いアドボカシーサービスを民間団体に委託するか自ら直接提供する自治体が増加した。

この頃北ウェールズにおいて、養護施設内で長期に起きていた性的虐待を含む激しい虐待が内部告発によって明らかになり、人々に衝撃を与えた。2000年にこの事件の調査報告書『ロスト・イン・ケア』[6] (Waterhouse

---

[6] Lost in Care: Report of Tribunal of Inquiry into the Abuse of Children in Care in the Former County Council Areas of Gwynedd and Clwyd since 1974。

2000）が出された。この調査報告書によって、施設にいる子どもたちが苦情を申し立てることがいかに困難であるかが明らかになった。また報告書は、このような状況を改善するために、子どもアドボカシー施策を推進することも勧告している。英国初の子どもコミッショナーがウェールズに設置されたのも、この報告書の影響によるものであった。現在、ウェールズは英国のアドボカシー政策を先導しているが、それはこの事件の反省によるものである。

次に 2000 年に起きたビクトリア・クリンビエ（8歳）の虐待死事件は、全身に 128 箇所の傷害がある等の凄まじい虐待の事実を呈していたこと、多機関が関わった経緯があるにもかかわらず介入がなされなかったため社会的に大きな衝撃を与えた。2003 年には、この事件に関する調査報告である『ラーミング報告』（Laming Report）が発表され、「専門家が誰一人として子どもと真剣に話をしてこなかった」ことを、虐待死を防げなかった理由の一つとして指摘した（Laming 2003）。この事件はイギリスにおける児童福祉に関する法律や施策を変革する契機となった。

2003 年、イングランド政府はすべての子どもを対象とした予防的かつ包括的なサービスを整えることを目指した政策提言書『すべての子どもは大切』（Every Child Matters）（DfES 2003a）を発表する。これは「健康であること、安全であること、楽しみかつ目標を達成すること、前向きな活動に寄与すること、経済的ウェルビーイングを達成すること」という 5 つの成果指標（outcome）を達成するため、子どもを対象とする社会サービスを統合したシステムの確立を目指すものである。

また 2002 年に法改正により地方自治体にアドボカシーサービス提供が義務づけられた。さらに同年には『子どもアドボカシーサービス提供のための全国基準』[*7] が発表された。

このような子ども施策改革の一環として、2003 年には教育技術省に児童大臣のポストを新設し、中央省庁の子ども関連政策の統括責任を明確にした。その後、この『すべての子どもは大切』に基づいて 2004 年児童法（Children Act 2004）が成立した。イングランドでも子どもコミッショナーがこの法律

＊7　National Standards for the Provision of Children's Advocacy Services.

により設置された。

また虐待等への政府による早期予防介入の手段として、子どもトラストの積極的な推進が行われている。これは、各自治体が、教育、社会サービス、保健サービス、住宅、人権等の子ども関係組織の統合と調整を行い、一体的に提供するものである。

2007年にブラウン政権（労働党）になり、子どもに関連した行政組織の大改革が行われた。これまでの教育技術省（Department for Education and Skills）は、子どもが中心となったサービスを提供する子ども学校家庭省（Department for Children, Schools and Families）に改組された。同省は設置されるとすぐに、英国を「世界で最良の子どもが成長する国」にすることを目標に掲げた『子どもプラン』（Children's Plan）を発表した。2020年までの目標達成に向けて各地域で取り組みを行うこととなった。

一方、2007年は「ベイビーP事件」（第4章3参照）という17カ月の子の虐待死事件が起き、世論の批判が高まった年でもある。これは前述したビクトリア・クリンビエ事件と同じ地区で起きた事件であるため、自治

表0－1　近年の子ども施策年表

年	事項
1989年	1989年児童法
1991年	子どもの権利条約批准
1997年	労働党ブレア政権（政権交代）
1998年	クオリティ・プロテクツ開始（3年計画・更に2年延長） 『ロスト・イン・ケア』
2000年	ビクトリア・クリンビエ事件
2001年	ウェールズ子どもコミッショナー
2002年	『子どもアドボカシーサービス提供のための全国基準』 改正児童法により地方自治体にアドボカシーサービス提供を義務づけ
2003年	政策提言書『すべての子どもは大切』 教育技術省に教育大臣 北アイルランド子どもコミッショナー
2004年	2004年児童法 スコットランド子どもコミッショナー
2005年	イングランド子どもコミッショナー
2007年	労働党ブラウン政権 子ども家庭学校省に改組 子どもプラン ベイビーP事件
2008年	2008年児童若者法
2010年	保守党自民党連立政権（政権交代）

体の児童ソーシャルケア部門は一層の非難を浴びた。

2008年には、育成を受けている子とケアリーバー[*8]へのケアシステムの法的枠組みの再編を目的とした2008年児童若者法（Children and Young People Act 2008）が制定された。

2009年にはベイビーP事件の報告書が出され、ビクトリア・クリンビエの調査の時よりも改善がみられるが、未だ保護体制に障壁があることが明らかになった（Laming 2009）。

2010年5月、労働党は保守党と自由民主党の連立政権に政権を奪われた。政権交代直後に、子ども学校家庭省は「教育省」（Department for Education）へと改組された。この連立政権は財政健全化を目的にあらゆる財政の見直しを行っており、とりわけ教育省の予算の削減額は大きい。さらに地方への交付金も大幅に削減されており、本書の対象である子どもアドボカシーサービスを含め、子ども施策の後退が懸念されている。他方、ボランタリーな活動が活発なイギリスでは、大幅削減の中でもアドボカシーを維持・発展させていこうと市民団体が積極的な取り組みを行っている（詳細は終章参照）。

4　子どもアドボカシーの概念

（1）子どもの権利条約のインパクト

英国における子どもアドボカシー発展の背景には、1991年の子どもの権利条約批准がある。子どもの権利条約12条は、次のように子どもの意見表明権を規定している。これが英国における子どもアドボカシー発展の原動力になったのである。

[*8]　ケアリーバーとは「16歳の時点でケア命令を受けており、かつ14歳から16歳の間に合計13週以上地方自治体によって育成を受けていた経験があり、現在ケアを離れている者」を言う。（Oxford City Council 2008）。なおリービングケア（Leaving Care）について、ディアリング（Dearling 1993: 107）は以下のように説明している。「児童法24条は、16歳の誕生日以降ケア下で過ごした経験のある21歳以下の若者に対して助言し支援する義務を地方自治体に課している。ケア下で過ごした経験がある若者が、住宅・雇用・教育・訓練を受けるための援助を提供されることもある。児童法は、ソーシャルサービス部門と住宅部門が緊密な連携を取ることをも勧告している」。

1　締約国は、自己の意見を形成する能力のある児童がその児童に影響を及ぼすすべての事項について自由に自己の意見を表明する権利を確保する。この場合において、児童の意見は、その児童の年齢及び成熟度に従って相応に考慮されるものとする。
　　2　このため、児童は、特に、自己に影響を及ぼすあらゆる司法上及び行政上の手続において、国内法の手続規則に合致する方法により直接に又は代理人若しくは適当な団体を通じて聴取される機会を与えられる。〔1989年　日本政府訳『児童の権利に関する条約』〕

　子どもアドボカシーは、広義には子どもの権利条約に規定されたすべての権利を擁護することである。しかし権利条約のインパクトは、子どもを保護の対象から「権利行使主体」と認識する子ども観に転換したことである。ジェンキンス（Jenkins 1995：36）は、権利条約に規定された新たな子ども観を「意思決定における参加者としての子ども／市民としての子ども」と表現し、それに立脚するアドボカシーを「能動的アドボカシー」（active advocacy）と呼んでいる。そして従来の「保護を必要する主体としての子ども」という子ども観に依拠するアドボカシーを「受動的アドボカシー」（passive advocacy）と呼び区別している。英国における子どもアドボカシーは、一般にはこの能動的アドボカシーを指し、子どもの参加と意見表明を保障しようとするものである。

（2）子どもアドボカシーとは

　アドボカシー（advocacy）の辞書的な意味は「弁護、支持、擁護、唱道」（小西・南出 2006：34）である。一方西尾（2000：3）によれば、「英語の"advocacy"とはラテン語の"voco"に由来する言葉である。"voco"とは、英語で"to call"のことであり、『声を上げる』という意味である」という。つまりアドボカシーとは権利を侵害されている当事者の利益のために「声を上げる」こと、すなわち「主張（唱道、弁護、支持）する」ことを意味して

いる。

　アドボカシーはその担い手や目的、働きかける対象に様々に分類されている。代表的な分類として、「弁護士・ソーシャルワーカー、保護者などが中心となって代弁する代理人アドボカシーと権利の主体が中心になって、単独であるいは集団で訴えるセルフアドボカシー」(堀 2009：18) の区別がある (詳細は第10章1参照)。セルフアドボカシーは「個人またはグループが、彼らのニーズと利益を求めて自ら主張し、あるいは行動する過程」(Bateman=1998：7) と定義される。セルフアドボカシーには、個人が自分で自分の権利を擁護するものと、同じ問題を共有する集団で行うピアアドボカシーがある。すべてのアドボカシーの基盤はセルフアドボカシーにあると考えられる (堀 2009)。

　またケースアドボカシー (case advocacy) とシステムアドボカシー (systemic advocacy) の区別も基本的なものである (詳細は第11章1参照)。アドボカシーを展開することで、まず個人が利益を獲得する場合がケースアドボカシーである。これは特定の課題解決に焦点を当てて実践を行うミクロレベルのアドボカシーとも言える。それゆえイギリスでは、課題基盤アドボカシー (issue-based advocacy) と呼ばれている。ケースアドボカシーは個人の権利と利益を擁護する活動が中心ではあるが、それと同時に個人のエンパワメントを図っていく活動でもある。

　一方、システムアドボカシーは、ある特定の集団、階層・階級などに対して利益が帰属するために行う実践活動であり、法律、制度、政策、社会システムといった公共性の高いものの変革を志向する (横須賀 1993：170)。メゾないしマクロレベルのアドボカシー実践であると言える。このケースアドボカシーとシステムアドボカシーは連続体であり、両者の実践が相まって当事者の権利擁護が可能になるのである。

　イギリスの児童福祉領域での子どもアドボカシーについては、イングランド保健省 (2002年) 及びウェールズ政府議会 (2003年) が発表した『子どもアドボカシーサービス提供のための全国基準』に規定されている。その序論では子どもアドボカシーを次のように定義している。

アドボカシーとは子どものために意見を表明することである。アドボカシーとは子どもをエンパワーすることである。そのことによって彼らの権利が尊重され彼らの意見と願いがいつでも聴取されるようにするのである。アドボカシーとは子どもの意見、願い、ニーズを意思決定者に対して代弁することである。そして彼らが組織を運営するのを助ける。子ども（施設経験者を含む）のためのアドボカシーに関するこの基準は21歳までの年齢を対象とする。アドボカシーサービスは独立性と守秘をもって次のことを提供する。
・情報／・助言／・代弁／・代理／・支持（DoH =2009：168）

ここではアドボカシーの目的は、子どもの権利が尊重され、子どもの意見と願いがいつでも聴取されるようにすることと明記されている。そのためには主として2つの方法がある。1つは子どもの意見や願いの実現のために、意思決定の権力を持っているおとなに対して代弁し、影響力を行使することである。もう1つは、子どもが自分自身で発言し、そのことが子どもに関係する決定に意味ある影響を与えることができるように子どもを支援することである。これがエンパワメントという言葉で表現されている。そのための具体的な支援方法として「情報・助言・代弁・代理・支持」の5つをあげているのである。

(3) 子どもアドボカシーの基準

また全国基準では、子どもアドボカシーサービスが準拠すべき「10基準」を提示している。10基準は子どもアドボカシーサービスを提供しているチャリティー団体[9]やアドボケイトから高く評価されており実践の拠り所となっている。それは次のようなものである。

＊9　慈善事業を行う目的で設立された非課税の民間団体であり、慈善目的のみに資源を活用し、株主等に利益を分配することはできない。根拠法は2006年チャリティー法（Charities Act 2006）である。

基準1：アドボカシーは子どもの意見と願いによって導かれる。
基準2：アドボカシーは子どもの権利とニーズを擁護する。
基準3：すべてのアドボカシーサービスは平等を促進する明確な方針の下に提供される。そして年齢、性別、人種、文化、宗教、言語、障害、性指向により子どもが差別されないようにサービスを監視する。
基準4：アドボカシーはよく広報され、アクセスし易く利用し易いものである。
基準5：求められたときにはただちにアドボカシーは援助と助言を行う。
基準6：アドボカシーは子どものためだけに行われる。
基準7：アドボカシーサービスは高レベルの守秘を行い、子ども、他の機関が守秘に関する方針を知ることができるようにする。
基準8：提供されているサービスを改善するために、アドボカシーは子どもの意見と考えに耳を傾ける。
基準9：アドボカシーサービスは苦情解決手続きが効果的かつ簡便に利用できるように支援する。
基準10：アドボカシーはよく運営され、資金を有効活用する。(ibid：167)

この10基準は子どもアドボカシーの倫理的・制度的基盤を確立し、子どもを権利行使主体として尊重する子ども観に立って、子どもの特質に即したアドボカシーを提供する枠組みを提供しようとした画期的なものである。作成過程に子ども自身が参画し、子どもの声を拠り所にして基準がつくられている点も特徴である。

基準1は子どもが権利行使主体であることを明確に規定している。これは10基準全体の前提となるものである。この基準の具体的な運用については、次のように述べている。

1.2　子どもがアドボカシーの過程を導く。アドボケイトは子どもの表現された許可と指示の下にのみ行動する。それが「子どもの最善の利益」に

ついてのアドボケイトの意見とは異なる場合でさえそうするのである。例外的な状況においてのみ、この基準は破棄される（ibid：171）。

ベイトマン（Bateman=1998：43）はアドボカシーの6つの原則の②として「クライエントの意向と指示に従って行動すること」をあげている。これはクライエントが問題及び解決策の所有権の感覚を持てるようにすることであり、クライエントが「運転席」にいるようにすることである。「この関係は、援助者がクライエントよりも専門職的、経済的、あるいは心理的に大きな力を持つといった、ほとんどの援助関係にある力の相違に対して、バランスを与えるものである」（ibid：43）と彼は述べている。全国基準1.2は、この原則を子どもに対しても子どもの特質を考慮しつつ実践することを求めるものである。

基準6「アドボカシーは子どものためだけに行われる」は重要である。これはアドボカシーの独立性に関わるものである。アドボカシーを阻害する重大な要因のひとつに「ロイアリティのジレンマ」がある。これはアドボケイトが組織に雇用されている場合に、組織からの圧力と自らの保身のために一途に子どもの立場に立つことができなくなるということである。基準6は「アドボケイトは自分たちの利益のためだけに行動し、利害の葛藤や圧力に潜在的にも顕在的にもさらされていないということを子どもが確信しているときにだけアドボカシーは利用されまた可能になるのである」と述べている。そのために、アドボカシーは直接子どもにケアを提供する団体や委託団体、資金提供者から独立して運営され、子どものためにのみ働く。そしてそのことを常に証明し、子どもにも周囲にも信じてもらえるようにするのである。

（4）アドボカシージグソー

アドボカシーには様々な担い手がある。本書で主として取り上げるのは独立アドボケイトによるアドボカシーであるが、親や地域住民などの身近なおとなや同じ立場にある子ども自身、そして専門職による業務の一環としてのアドボカシーもある。こうした様々なアドボカシーの関係を理解するのに役

序章　イギリスの子どもアドボカシーを理解するために

図0－3　アドボカシージグソー

フォーマルアドボカシー　ピアアドボカシー

インフォーマル・アドボカシー　独立／専門アドボカシー

（出所）WAG 2009：16

立つのが、ウェールズ議会政府の『子どもアドボカシーサービス提供モデル案内』*10が提唱しているアドボカシージグソーという考え方である。

　図0－3には、それぞれ独自の特徴と機能を持つ4つのアドボカシーがジグソーパズルのように組み合わさってアドボカシーが進んでいく様子が描かれている。どのアドボカシーを利用するかは子ども自身が選択することができるのである。4つのアドボカシーの特徴は子どもに向けて次のように書かれている。

表0－2　4つのアドボカシーの特徴

　アドボカシー提供には様々な方法があり、沢山の人たちがアドボケイトとして支援することができる。しかしながら、インフォーマルアドボカシー、フォーマルアドボカシー、独立／専門アドボカシー、ピアアドボカシーの間には役割の違いがあり、相互に連関しあってアドボカシーが進んでいくのである。

・フォーマル（制度的）アドボカシー

　あなたは、子どものために働く専門職に対して、権利や資格があるサービスにアクセスするのを手伝って欲しいと思う時があるでしょう。これらの人々は、通常、子どもを助け子どもの利益の実現に向けてアドボケイトする目的で雇用されている人々です。たとえばユースワーカー*11、教師、養護教諭、プレイワーカー*12、児童指導員等、様々な人たち

---

*10　A Guide to the Model for Delivering Advocacy Services for Children and Young peaple.
*11　青少年団体や地域の施設などにおいて、青少年の相談に乗り自主的な活動を支援する専門職である。
*12　プレイパークなどで子どもの遊びを支援する専門職である。

がこうした専門職です。情報を得て必要なサービスを見つけるのを彼らは手伝ってくれます。またあなたの決断を、必要な援助が得られる機関を探すことを、そしてあなたに影響する決定に確実に意見が言えるように手助けしてくれます。

・インフォーマル（非制度的）アドボカシー

たいていの人は、自分に権利や資格があるサービスにアクセスする支援を、親、養育者、家族、友達、近所の人、友達の両親などから得ています。彼らはあなたが自分の考えを言葉にするのを手伝ってくれます。気持ちを表現し、決断するのを手伝ってくれます。彼らは無償のアドボケイトです。

・ピアアドボカシー

あなたは、何かをやめさせたり、始めたり、変えたりするために他の子どもに助けて欲しいと思う時があるでしょう。自信に満ち溢れた子ども達がいて、彼らは喜んであなたの意見を他の人に伝えてくれます。そうした子ども達は、ピアアドボケイトとして活動するための訓練を受けているか、ピアアドボカシーの団体やプロジェクトに所属していることもあります。

・独立／専門アドボケイト

あなたは、意見や気持ちを聴いてもらえないと感じた時、自分に権利や資格があるサービスにアクセスできなかった時、またはできなくさせられた時、独立／専門アドボケイトに助けて欲しいと思う時があるでしょう。これらの人々は、あなたに影響を及ぼすすべての決定において、あなたの意見が聴いてもらえるように手助けしてくれます。そしてそのための資格を持ち、訓練を受け、お金をもらって働いている人がほとんどです。彼らは、あなたが嫌だと思っていることや、また聴いてもらえていないと感じている問題に取り組みます。彼らはあなたと一緒に会議に参加し、何が行われているのかを理解できるようにあなたに伝えます。またあなたの意見が会議の中で考慮されるようにします。「こうしたらいいよ」と助言するのではなく、あなたが自分の意見を言えるように手

| 助けするのです。アドボケイトの考えを押しつけることはありません。 |

(出所) WAG 2009：16

　本書では、4章でフォーマルアドボカシーを取り上げ、5章から9章で独立／専門アドボカシーを取り上げ、10章ではピアアドボカシーを取り上げることになる。

5　現地調査の概要

　本書では、収集した先行研究や関係文献・資料の分析と共に、英国において実施したインタビュー調査の結果を用いている。本書で引用・言及するインタビューは、表0−3の通りである。

　調査対象は英国において子どもアドボカシーサービスを提供している主要な団体、アドボケイト、研究者である。調査期間は2010年3月11日〜8月17日であり、すべて対面による半構造化面接を行った。調査実施者は、調査番号11・12・13・16・19・20は堀正嗣・栄留里美・河原畑優子の3名、それ以外はすべて堀正嗣・栄留里美の2名である。許可を得られた場合にはインタビューをICレコーダーに録音し、英文トランスクリプトを作成し一次資料とした。また録音できなかった場合には、インタビュー時の記録を一次資料としている。

　インタビュー調査のトランスクリプトについては、巻末の文献リストにおいて「Floris, Carol, Personal Interview, 9th June 2010.」のように示し、本文中でそれを引用・参照した場合には（Floris , interview）のように表示する。

表0−3　現地調査の概要

番号	調査日時	種別	機関／所属	調査対象者	録音
1	3月11日	アドボカシー提供団体	ボイス（Voice）	ジョン・ケミス（代表）（Kemmis, John）	有

2	3月11日	アドボケイト	ボイス（Voice）	ジョー・チャーターズ（Charters, Joe）（障害児専門アドボケイト）	有
3	3月11日	運動団体	障害児評議会（Council for Disabled Children）	ケイト・マーティン（Martin, Kate）（障害児の参加担当）	有
4	3月26日	研究者	西イングランド大学（University of West England）	ジェーン・ダリンプル（Dalrymple, Jane）（上級講師）	有
5	3月30日	アドボケイト	バーナード（Barnardo's）	ジャン・モリソン（Morrison, Jan）（障害児担当アドボケイト）	有
6	4月21日	子どもコミッショナー	11ミリオン（11 Million）	マギー・アトキンソン（Atkinson, Maggie）（イングランド子どもコミッショナー）	無
7	4月22日	研究者	チルドレンズソサエティ研究チーム（The children's Society）	アニータ・フランクリン（Franklin, Anita）（上級研究員）	有
8	5月13日	障害児セルフアドボカシー団体	チルドレンズソサエティパクトプロジェクト（The children's Society）	リンダ・コーカー（Corker, Lynda）（プロジェクトマネージャー）他	無
9	5月20日	子ども権利サービス、アドボカシー提供団体	ランカッシャー・チルドレンズ・ライツ・サービス（Lancashire Children's Rights Service,The Children's Society）	ポーリン・ギャラシィー（Geraghty, Pauline）（プロジェクトマネージャー）他（アドボケイト、Lorraine and Haydn）	有
10	6月1日	アドボカシー提供団体	全国青年アドボカシーサービス（National Youth Advocacy Service）	クリス・ベッセル（Bessel, Chris）（実施マネージャー）、エリー・ハリソン（Harrison, Ellie）（トレーニングオフィサー）	無

序章 イギリスの子どもアドボカシーを理解するために

11	6月8日	研究者・行政委員会委員	カーディフ大学 (Cardiff University)・全国独立アドボカシー委員会 (National Independent Advocacy Board)	アンディー・ピットハウス (Pithouse, Andy) (教授)・アン・クローリー (Crowley, Anne) (委員)	有
12	6月9日	ピアアドボカシー団体	ボイス・フロム・ケア (Voices from Care)	キャロル・フローリス (Floris, Carol) (サポート・アドバイス担当)	有
13	6月9日	研究者・行政担当者	グラモーガン大学 (the University of Glamorgan)・全国独立アドボカシー委員会	ハワード・ウィリアムソン (Williamson, Howard) (教授・議長)	有
14	6月10日	子どもコミッショナー	ウェールズ子どもコミッショナー (Commissioner for Wales)	ピーター・ハスキン (Hosking, Peter) (政策担当)	有
15	6月11日	アドボケイト養成団体	ケイト・マーシャー・トレーニング (Kate Mercer Training)	ケイト・マーシャー (Mercer, Kate) (代表)	有
16	7月26日	地方自治体	ブラッドフォード地方自治体 (City of Bradford Metropolitan Council)	ロブ・フォーディス (Fordyce, Rob) (ファミリーグループカンファレンスコーディネーター)	有
17	7月27日	子どもコミッショナー	スコットランド子どもコミッショナー (Scotland's Commissioner for Children and Young People)	タム・バイリィ (Baillie, Tam) (スコットランド子どもコミッショナー)	有
18	8月3日	子どもコミッショナー	北アイルランド子どもコミッショナー (Northern Ireland Commissioner for Children and Young People)	パトリシア・ロウズレイ (Lewsley, Patricia) (北アイルランド子どもコミッショナー) 他	有

| 19 | 8月17日 | 研究者 | 西イングランド大学 | ジェーン・ダリンプル（上級講師） | 有 |
| 20 | 8月17日 | アドボケイトトレーナー | バーナード（Barnardo's） | ヒラリー・ホーラン（Horan, Hilary）（トレーニング＆コンサルタント担当） | 有 |

第1章

イギリスの子ども政策における参加とアドボカシー

はじめに

　イギリスにおける子どもの参加をめぐる政策の歴史は約40年に渡っている。この間、子ども参加は徐々に政策の中心へと位置してきた。本章では、育成を受けている子ども・ニーズのある子ども・ケアリーバーを対象とした子ども参加に関わるイングランドとウェールズにおける近年の政策の動向を明らかにする。本章では両方に共通する政策を取り上げる。ただしウェールズではより幅広い子どもアドボカシー政策が実施されており、最後にイングランドにはないウェールズの特徴について述べる。

　また、政策を語る上で欠かせないのが市民団体（チャリティー団体及び当事者団体）の役割である。アドボカシーの政策を先導し、現在のサービス提供を担っているのは市民団体だからである。そのため市民団体の歴史的変遷と現在の活動についても述べる。最後に、「アドボカシーサービス」について政策の枠組みを述べる。

1　子ども参加の歴史

　子どもの参加、特にソーシャルワークにおける子どもの参加は虐待事件の調査及び子どもの権利条約批准、そして近年の労働党政権の施策によって発展してきた。

　まず、1973年に起きたマリア・コルウェル虐待死事件[*1]では、ソーシャ

---

*1　1973年にマリア・コルウェル事件という虐待死事件が起こった。この事件はマスメ

ルワーカーが子どもよりも親に同情と関心を向けていったことが問題となった。また 1987 年に起きたクリーブランド事件では、子どもに何が起きたのか質問をせずに、身体的な症状と心理分析のみで性的虐待を判断し、説明もなく次々と家庭から引き離したことが問題になった（Butler-Sloss 1988）。その後も、数々の虐待事件は子どもの関与及び参加を進める原動力になってきた。

このような事件の反省は、法律制定やアドボカシー団体の設立につながっていった。

1975 年児童法（59 条：ケースにおける地方自治体の一般義務）では、子どもに関するいかなる決定においても、①子の福祉を保護し促進することを最優先し、②子どもの年齢と理解の程度に配慮して、できる限り子どもの希望と感情を確かめ、それを正当に考慮することが、地方自治体の義務とされたのである（三田地 1977）。また、独立アドボカシーを行うチャリティー団体の活動も 70 年代から始まった。

2 つ目の影響は、1991 年の国連子どもの権利条約批准であり、これは市民運動及び政策の根拠になった。しかし、子どもの参加が政策の中心に位置するようになったのは、97 年に労働党へと政権交代してからのことである。「福祉切り捨て」を行ってきたサッチャー保守党政権に代わって、労働党は子どもの教育及び福祉政策の大改革を行った。98 年、クオリティ・プロテクツという育成を受けている子どもが不利な社会的状況に置かれていることを変革することを目指した事業が 5 年間行われた。子どもがケアの意思決定過程に関与することはこの事業目標の 1 つだった。これ以降、政策には子ども参加が明記されるようになり、現在では中心的な位置を占めるようになってきた（Stein ら 2009：24）。

> ディアでも大きく取り上げられ、子ども虐待が社会問題として認知されるようになり、制度が整備されていく契機となった。マリア・コルウェル事件とは、7 歳のマリアが地方自治体の保護下で里親委託されていたが、実母の再婚を機に家庭に戻された後、継父によるネグレクトと身体的虐待によって死亡させられた事件である。この事件には、多くの関係機関（ソーシャルワーカー、教師、教育福祉官、医師、住宅局職員、警察等）が関わっていたにもかかわらずこのような事態となったため、子ども虐待対応の制度全体に大きな反省を迫るものであった。

2　現在の子ども参加に関わる政策

(1) 法律・条約

　前述のように国連子どもの権利条約は子ども参加の原動力となった。この条約の特徴は虐待や搾取などからの保護と教育など付与の権利だけではなく、表現の自由や結社の自由、意見表明権など能動的権利を規定したことである。とりわけ「意見表明権」を定めた12条が子ども参加を推し進めてきた。

　この12条は1998年人権法（Human Right Act 1998）制定によってさらに意義を増した。人権法付則第10条は「すべての者は表現の自由の権利をもつ。この権利は、意見をもち、かつ、公的機関による干渉を受けずに、また国境と無関係に、情報および考えを受理し、発信する自由を含む。」（第1項）を盛り込んだ「表現の自由」を保障している（UK Parliament =2010：40-1）。

　また、1989年児童法に「年齢と理解を熟慮の上、合理的で実効可能である限り子どもと親、関係者の願いと気持ちを確かめること」が明記された。これは1975年児童法よりも幅広い場面で適用された。すなわち、1989年児童法では、裁判（1条（3）（a））、地方自治体によって育成を受けている子ども　一般的義務（22条（4）・（5））、ボランティア組織の義務（61条（2）・（3））、児童養護施設における子どもの福祉（64条（2）・（3））などに適用されたのである。

　たとえば、「育成を受けている子ども　一般的義務」（22条）では「（4）育成を受けている子どものどのような決定の前にも、または支援を受ける前にも、地方自治体は合理的で実行可能である限り以下の人たちの願いと気持ちを確かめる。」とされ、願いと気持ちを確かめるべき人の最初に「（a）子ども」が書かれている。さらに2004年児童法には「子どもの希望を確認する」（Ascertaining children's wishes）という条文（53条）が1989年児童法に新たに挿入され、子どものサービス提供や住居の提供、調査において子どもの気持ちを確かめることが付加されたのである[*2]。

---

*2　1989年児童法に既にあった子どものサービス提供（17条（4A）（a）（b））や住居の提供（20条（3））、調査に対する地方自治体の職務（47条（5A）（a）（b））への付加である。

（2）政策・ガイドライン

このような条約及び法律の制定を根拠に、近年多くの政策や実践の指針となるガイドラインに子どもの参加が盛り込まれている。

2007年にイギリス政府が「イギリスを子どもが成長するために、世界一の国にする」という目標の下に作成した『子どもプラン』もその1つである。これは子ども、家族、支援者たちへ聴き取り調査を行い、2020年までの目標を定めた具体的な計画である。5つの原則の内1つに「子ども・若者に向けたサービスは、専門家だけが集まって計画するのではなく、子ども・若者・その家族の意見に応える形（子どもの参画の下）でつくっていかなければならない」という原則がある（DCSF 2007）[*3]。

この他にも子ども政策立案からサービス実施過程、サービスの評価まで幅広く、子どもの参加を促進している。子ども参加が盛り込まれている近年の政策や規則を表1-1で示した。

もう1つ興味深い近年の政策は、子ども虐待の定義が修正されたことである。「あなたには価値がない」といった否定的言葉を子どもに言うことに加えて、子どもの気持ちを表現する機会を与えなかったり、わざと沈黙させたりすることが2010年の虐待対応マニュアルで心理的虐待に加えられたのである（DCSF 2010：38）。

子どもの意見表明権を保障するということは、逆に保障しなかった場合には権利侵害になる可能性を示唆している。虐待の定義が元々広いイギリスだが、ここに踏み込むことは意見表明をいかに重要視しているかの表れであると考える。

（3）子どもの声を届ける新しい職種

イングランド子どもコミッショナーは、子どもの声を聴きそれを政策に反映させるため、2004年児童法を根拠に設置された。イングランド子どもコミッショナーとは、「子どもと大人社会のパイプ役」であり、「実際に子ど

---

*3　翻訳は（奥田ら2009：138）を引用した。

表1－1　子どもの参加を盛り込んだ近年の政策

①子ども政策立案、評価への参加	・2010年子どもトラスト評議会（児童若者計画）（イングランド）規則[4]
②サービス実施過程への参加	・『ワーキングトゥギャザー——子どもの福祉を保護し促進する機関への手引き』[5]（DCSF 2010b） ・『児童若者と妊産婦の国のサービス枠組み』[6]（DfES and DoH 2004） ・『ケアに関する問題：ケア下にある子どものために今、変わるとき』[7]（DCSF 2008） ・ケア計画、措置、ケア評価規則[8]（2010）
①・②両方含む	・『すべての子どもは大切：子どものための変化』[9]（DfES 2004b） ・『子どもプラン～より輝かしい未来のために』[10]（DCSF 2007） ・『若者の自己実現にむけて～10年戦略』[11]（HM Treasury and DCSF 2007）

たちの声を聴き、子どもの考えや興味を把握し、その考えを政府に伝える。また子ども政策の改善につなげる、利用できるサービスや、政府の考えなどを子どもたち（とくに社会的に不利な立場に立たされた子どもたち）に伝える。」（奥田ら 2009：131）という役割を担っている。

英国の4つの国に子どもコミッショナーが置かれており、それぞれに特徴があり興味深い活動を展開している（詳細は第2章・第3章を参照）。

もう1つ、近年注目されているのは、独立再検討官（independent reviewing officers；IRO）である。IROの基本的な役割は育成を受けている子ども

---

[4] The Children's Trust Board (Children and Young People's Plan) (England) Regulations 2010
[5] Working Together to Safeguard Children：A guide to inter-agency working to safeguard and promote the welfare of children
[6] National Service Framework for Children, Young People and Maternity Services
[7] Care Matters：Time to Deliver for children in Care
[8] The Care Planning, Placement and Case Review (England) Regulations 2010
[9] Every Child Matters：Change for Children
[10] The Children's Plan：building brighter futures
[11] Aiming high for young people：a ten year strategy for positive activities

の再検討会議で議長を務め、支援のモニタリングを行うことである。2002年養子縁組と児童法（Adoption and Children Act 2002）に規定され、2004年子どものケース再検討（修正）（イングランド）規則[*12]によりすべての地方自治体で設置義務となっている。2008年児童若者法（Children and Young Persons Act 2008）及び2010年IROハンドブック（DCSF2010a）[*13]では「子どもの思いを反映させる役割」として期待されている。

> **コラム**
>
> **若者議会（UK Youth Parliament）**
>
> 　衆議院議員アンドリュー・ロウのサポートにより、2000年より衆議院にて議会が開かれている。11歳から18歳の若者によって構成され、若者自身で運営する。主な運営資金は教育省からであるが、独立性の観点から他の様々な省庁から資金を得ている。各地方自治体に議席数の指定があり、若者からの選挙によって選出された600名から成る。毎年改選が行われ、ここ2年で100万人の若者が投票している。2010年のマニフェストでは現政権与党（保守党・自由民主党）が削減しようとしている事柄、例えば若者のバス料金支援の減額、政治教育に対する改革、大学の学費支援の廃止に反対している。若者議会の直接的な成果として2008年に、性と関係性教育（sex and relationships education）が法律で規定された。（UK Youth Parliament 2010）

3　市民団体による子どもアドボカシー

(1) チャリティー団体によるアドボカシーサービスの発展

　イギリスにおける子どもアドボカシーを先導し、現在も重要な役割を担っているのはチャリティー団体と当事者団体という市民の活動である。チャリ

＊12　規則 "Review of Children's Cases（Amendment）（England）Regulations 2004"
＊13　IRO Handbook Statutory guidance for independent reviewing officers and local authorities on their functions in relation to case management and review for looked after children

ティー団体として、代表的なのはボイス（Voice）と全国青年アドボカシーサービス（National Youth Advocacy Service 略称 NYAS）である。

1998年開始のクオリティ・プロテクツプロジェクトによって、多くのアドボカシー市民団体が創設された（Oliver 2008：29）。すでに述べたように、クオリティ・プロテクツは、ケアに関する意思決定過程に子どもが十分に関与することを目指した。そのため、アドボカシーサービスに対して政府は資金を確保した。

2002年には養子縁組と児童法改正により、地方自治体にアドボカシーサービスを提供する義務が課された。2003年の調査（Oliver 2008：30）によれば、地方自治体が直接的にアドボカシーサービスを行っているのは23％で、76％はチャリティー団体が地方自治体からの委託を受けて行っている。主なチャリティー団体は、ボイス、全国青年アドボカシーサービス、チルドレンズソサエティ（Children's society）、バーナード（Barnardo's）、トロスガナル（Tros Gynnal）などである。これらのチャリティー団体は行政からの独立性とアドボカシーの専門性を持った団体として今日の自治体のアドボカシーを支えている。どのチャリティー団体が受託するかは、競争入札によって決定される。選ばれたチャリティー団体は地方自治体とサービス水準契約（Service Level Agreement）を結ぶ（DfES 2004a）。この契約はチャリティー団体が地方自治体からアドボカシーサービスを受託する際に、提供するサービスの内容と範囲、質に対する達成水準を明確にして、それが達成できなかった場合のルールを含めて、あらかじめ合意しておくことである。契約期間は多くが1年から3年間である。行政と契約した内容は、基本的に行政の資金でまかなわれる。大手のチャリティー団体には、自己資金と行政からの資金の組み合わせによって運営している団体もある。

(2) ボイス

ここでアドボカシー提供の代表的なチャリティー団体の2つを紹介する。

ボイスのホームページ（Voice 2010a）には「ボイスは家から離れて生活している子どもや、ニーズのある子どものための大手のアドボカシー団体であ

り、全国的な電話相談を開設している」と書かれている。また「公的ケアの下にある子どものエンパワメントと彼らの生活向上のための運動を行う全国的チャリティー団体である」とも書かれている（ibid）。ボイスは1975年からケア下にある子どもへのアドボカシーサービスを提供している。活動開始時の団体名は「ケア下にある子どもの声」（A Voice for the Child in care）である。その後ケア下にある子どもたちの調査を行ったり、電話相談を開設し行政から契約を受けるようになった。

　ボイスの活動目的は次のようなものである。

・すべての活動を通じて子どもの権利条約の完全実施を含む子どもの権利を促進する。
・公的なケアの下にある子ども及びニーズのある子どもの生活を改善するために法律・政策・実践を改革するための運動を行う。
・法律・政策・実践の発展とサービス提供における子ども参加を支援する。
・子どもたちに良質のサービスを提供する。
・雇用とサービス提供において、機会均等と反差別を保障する実践を行う。
・子ども中心の実践に熱意をもつ人たちと機関が連携できるようにする。
（Voice 2010b）

　また、ボイスは毎年3500人以上の子どもに直接サービスを提供し、児童保護領域の専門職に対して専門的な助言と訓練を提供している（ibid）。

(3) 全国青年アドボカシーサービス（NYAS）

　NYASは、アドボカシー運動を展開してきた2つの団体が合併して1998年に新たに創設された。NYASは市民のアドボケイトと法的アドボケイトの両方を提供している点に独自性がある。そのため弁護士（solicitors）を11名雇っている（Besselら interview）。

NYASでは、以下のような多様なサービスを提供している（NYAS 2010）。

電話アドボカシー／情報、助言、照会／課題基盤アドボカシー／苦情解決制度／子ども権利サービス／子どもの権利擁護主事／独立訪問員／独立パーソン／施設訪問アドボケイト／若者助言者／若者個人アドバイザー／参加オフィサー／若者相談活動／若者フォーラム／若者評議会／子どもイベント／特定集団へのアドボカシー相談サービス（リービングケア・黒人及び少数民族・民族文化・精神保健・重度重複障害・児童保護手続・ファミリーグループ・カンファレンス）／苦情解決調査

（4）当事者団体によるアドボカシーの発展

1979年、イングランドでは当事者団体の「ケア下にある若者のための全国組織」（National Association of Young People In Care）が初めて作られた。ケア下にある若者のピアアドボカシーを通して、養護施設の不十分なケアの実態を社会へ提起していった（Boylanら 2009：19）。ウェールズでも、1990年に「ケア下にある若者のための全国組織・ウェールズ支部」（NAYPIC Cymru）というイングランドの当事者団体の理念をもつ団体が作られた。施設内虐待の問題に取り組み、システムアドボカシーを行ってきた。1993年にボイス・フロム・ケアへと改名し、個別のアドボカシー、支援者へのトレーニング、調査を実施している（詳細は第10章参照）。

イングランドのケア下にある若者のための全国組織は1995年に一旦はなくなってしまったが、国の支援で1998年に「ナショナルボイス」（A National Voice）へと改称し復活を遂げた。2006年に行政とは独立した機関となり、より強力なシステムアドボカシー活動を展開している。

障害児自身のシステムアドボカシーを支援している障害児協議会（Council for Disabled Children）もある。障害児自身の会議やロビー活動を進め、実際に制度の改善に成功している（詳細は第11章参照）。

このように当事者である子どもも含めた市民団体がアドボカシーを先導している。

4 アドボカシーサービスに関する政策

(1) 育成を受けている子ども・ニーズのある子ども・ケアリーバー

　ここでは現在施行されている子どもに関するアドボカシーサービスの政策について説明する。アドボカシーサービスとは、主として行政から独立した団体が子どもの意見表明を支えるために助言、代弁などのサポートを行うサービスである。地方自治体によって対象者やサービス内容が異なっている。

　イングランドのアドボカシーサービスは、(1)「育成を受けている・ニーズがある・ケアリーバーである」のいずれか、(2)「公的医療を利用している」、(3)「精神保健上の問題をもつ」子どもが対象である。ウェールズの場合は、(1)～(3)に限らずすべての子どもを対象にしている。

表1-2　アドボカシーサービスの法律・規則

種別	名称
法律	1989年児童法改正26条A（2002年養子縁組と児童法改正）
基準	子どもアドボカシーサービスの提供のための全国基準 （DoH2002c,WGA2003b）
規則	アドボカシーサービスと意見表明手続き（子ども） （修正）規則2004年[*14]
	アドボカシーサービスと意見表明手続き（子ども）（ウェールズ）規則2004年[*15]
手引き	『整理しよう——1989年児童法の下で苦情申し立てを行う児童若者への効果的アドボカシー提供のための手引き』 （DfES2004a[*16],WAG2004b[*17]）

[*14] The Advocacy Services and Representations Procedure (Children) (Amendment) Regulations 2004

[*15] The Advocacy Services and Representations Procedure (Children) (Wales) Regulations 2004

[*16] Get it Sorted：Providing Effective Advocacy Services for Children and Young People Making a complaint under the Children Act 1989,

[*17] Providing Effective Advocacy Services for Children and Young People Making a Complaint

子ども参加を推進してきたクオリティ・プロテクツは2004月3月まで行われ、アドボカシーサービスの数を増加させた。クオリティ・プロテクツ終了後も、引き続きアドボカシー施策を継続していくため、表1－2に示すような法律や規則等が整えられ、2004年4月からこれらに基づいてアドボカシーサービスが提供されている。

まず、2002年養子縁組と児童法が改正され119条が新たに挿入された。この119条の内容が1989年児童法にも挿入され、「第26条A　アドボカシーサービス」（26A Advocacy services）となった。これがアドボカシーサービスの法的根拠である。第26条Aには以下ように規定されている。

第26条A　アドボカシーサービス
(1) すべての地方自治体は、以下の者に対して支援が提供されるように手配する。
(a) 24条D項[*18]に基づいて意見表明をしている、またはする意向のある者
(b) 26条[*19]に基づいて意見表明をしている、またはする意向のある児童
(2) この手配に基づいて提供される支援は、代弁による支援を含む
(3) 手配の際には、
(a) 関係省庁の規則によって禁止されている者が、支援を提供することがないようにしなければならない。
(b) この手配に関する規則の規定するところに従う。
(4) 第3項の目的のために制定された規則に従っていることを地方自治体が確認するように求めるために、関係省庁は規則をつくることができる。
(5) すべての地方自治体は、本条に基づく支援提供の手配に関して、適切な出版物を発行しなければならない。

＊18　ケアリーバー等の意見表明に関する条項
＊19　育成を受けている、またはニーズのある子ども等の意見表明に関する条項

この条文の (2) で言う「代表」には、支援者（アドボケイトを含む）が代理として会議に出席したり、代弁することも含んでいる。また (3)(b) で示された規則が「アドボカシーサービスと意見表明手続き（子ども）（修正）規則 2004」である。この規則の第 4 条には以下のように規定されている。

　第 4 条　苦情申立者等に提供すべき情報
　　(1) 苦情申立者から意見表明を地方自治体が受けた時には、次の措置を執らなければならない。
　　(a) アドボカシーサービスに関する情報を申立者に提供する。
　　(b) アドボカシーサービス利用のための援助を提案する。
　　(2) 24 条 D または 26 条 (3)[20] にもとづく意見表明の意向を子どもが示していることを地方自治体が認知した時には、次の措置を執らなければならない。
　　(a) アドボカシーサービスに関する情報を申立者に提供する。
　　(b) アドボカシーサービス利用のための援助を提案する。

　この規則はアドボカシーサービス提供者への手引き「整理しよう――1989 年児童法に基づいて苦情を申し立てる子どもへの効果的アドボカシー提供のための手引き」(DfES2004a) に沿って 2004 年 4 月から運用されている。この手引きは次のように述べている。

　　この手続きは、苦情を申し立てるまたは申し立てようとする子どものためのものではあるが、苦情ではない意見表明をも含んでいる。たとえば、子どもが受けているサービスや住んでいる機関を変えるために意見表明を行う際に、アドボケイトの支援を受けられるようにするべきである (DfES2004a：8)。

＊20　苦情解決制度に関する条項

このように法律上では苦情申し立てを含む意見表明の際に利用できるサービスである。それゆえ、以下に示すような、虐待対応、児童養護施設、里親制度、苦情解決制度、支援を再検討する会議などでアドボカシーサービスが利用されている（表1-3を参照）。

(2) 公的医療・精神保健に関わるアドボカシーサービス

イギリスは国民保健サービス（National Health Service）という公的医療があり、眼科と歯科以外の治療費・入院費は無料である。このサービスへの苦情申し立てをしたい場合、子どもを含むすべての利用者に対する独立アドボカシーサービスが、保健とソーシャルケア法2001年（Health and Social Care Act 2001）12条、ウェールズでは国民保健サービス法（National Health Service (Wales) Act 2006）187条に規定されている。イングランドでは独立苦情アドボカシーサービス（Independent Complaints Advocacy Service）、ウェールズでは地域保健協議会（Community Health Councils）がアドボカシーサービスを実施している。

また精神保健法（Mental Health Act 2007）が2007年に改正され、アドボカシーを行う独立精神保健アドボケイト（Independent Mental Health Advocate）が130条に規定された。このアドボケイトを利用するには、精神科病院で拘束されていることなどの条件下にいる子どもが対象となる（WAGら2009a：69）。

5 ウェールズのアドボカシーサービス

ウェールズの子ども政策全体は、イングランドと同様の政策も多い。イングランドと異なるのは、アドボカシーサービスの利用対象者をすべての子どもとした点である。

これは子どもに関するサービス全般の質を確保するための枠組み『子ども、若者、妊産婦サービスのための国のサービス枠組み』(The National Service

表1-3　アドボカシーサービスの位置付け

種別	手引き	記載内容
子ども虐待対応	ワーキングトゥギャザー （DCSF 2010b：285）	独立アドボケイトは、独立性と守秘を持った情報、助言、代理、支持を提供する。そして児童保護会議や裁判手続きのような公的な場において子どもたちが自分の意見を伝えられるようにするために、適切な情報と支援を保障するにあたって、不可欠な役割を果たす。
養護施設	児童養護施設：国の最低基準―児童養護規則[*21]（基準16.2） （DoH 2002a：23）	子ども、適切な場合は家族、重要な他者、独立訪問員[*22]は、アドボケイトへのアクセス方法を含めて苦情解決制度に関する情報提供を受ける。必要な場合には、（申立者の希望する言語で書いたり話したりできるような）適切な技術をもつアドボケイトへのアクセス方法に関する情報を提供する。
里親制度	里親制度：国の最低基準―里親制度規則 （基準1.5）[*23] （DoH　2002b：6）[*24]	（里親のもとで暮らす）子ども用の手引きには、どのように独立アドボケイトにアクセスできるか、どのように苦情を申し立てるかについて情報を記載されている。
福祉サービスへの苦情解決制度	苦情から最善を得るために （DfES 2006：10）	地方自治体が苦情を扱う際は、子どもに親しみやすく年齢と理解度に適切であるべきである。子どもの懸念は聴かれるべきである。もし子どもが苦情解決制度を利用したいと思っているなら、子どもにアドボカシーサービスについて情報を提供すること及びアドボケイトを得られるようにするための支援を行うことが地方自治体に求められる。
独立再検討官（IRO）	IROハンドブック （DCSF 2010：15）	アドボケイトが提供する支援について、また自分にはアドボケイトを依頼する権利があるということについて子どもが理解しているかどうかを、すべてのケアの再検討の前に実際に会って確認することが独立再検討官の責務である。

[*21]　Children's homes：national minimum standards, children's homes regulations
[*22]　本章6を参照のこと。

Framework for Children, Young People and Maternity Services）（WAG 2004a）によって規定された。この枠組みはイングランドにもある。しかし、ウェールズはこの枠組みに独立アドボカシー（Independent advocacy）を盛り込み、すべての子ども・若者が自由に利用できることが規定された（WAG 2004 a：22）。

　もう一点、異なるのは特別教育ニーズをもつ子どもへのアドボカシーについて明記している点である。ウェールズでは、2009年に制定された教育基準（Education（Wales）Measure）6条及び13条に「独立アドボカシーサービス」として、特別教育ニーズ裁判所の決定に対して控訴するために独立アドボケイトにアクセスする権利が明記されている。

　その他、近年では様々な調査報告書の反省を経て、アドボカシー提供の新モデルの開発を積極的に行っている。新モデルの詳細は第7章で述べる。

6　アドボカシーサービス政策の関連職種

　本章では4で述べたアドボカシーサービス政策について主に述べる。しかし、これに関連あるいは類似した職種もある。

　まず「独立訪問員」（Independent Visitor）というものである。これは1989年児童法に基づき、親や親責任のある者の訪問をほとんど受けない子ども、あるいは過去12カ月の間に親と親責任[25]のある者と接触がない者に独立訪問員を割り当てる義務を地方自治体に課している（津崎 1999：60）。

　独立訪問員はボランティアである。施設などを定期的に訪問し、外出して映画館に行くなどの交流を行う。独立アドボケイトのように公的会議等でアドボカシーを行うのではなく、友達または味方になること（befriending）が

───────
* 23　この基準は、児童養護施設で暮らす子どもの基準にも明記されている。該当箇所は「児童養護施設：国の最低基準―児童養護規則」（DoH2002a：5）の基準1.3である。
* 24　Fostering services：national minimum standards, fostering services regulations
* 25　親責任（parental responsibility）とは「子どもとその財産との関係で当該子どもの親が法的に有するとされる全ての権利、義務、権限及び責任」（1989年児童法3条1項）というものである。

主目的である。

　一方、アドボカシーサービスを行っている大手チャリティー団体は、施設訪問型のアドボカシーサービスも行っている。それを「施設訪問アドボケイト」（Residential Visiting Advocate）または「独立訪問アドボケイト」（Independent Visiting Advocate）という。定期的に施設等を訪問するという点で独立訪問員と同じだが、訪問目的は異なる。親しい関係をつくりながら子どもの懸念や心配事を早期に発見し、子どもが苦情申し立て等の意見表明を行うことを支援することが目的である。アドボカシーの手引き（DfES2004a：17-8）では、大手のチャリティー団体に限らず訪問活動を勧めている。こちらはボランティアではなく、仕事として行われている。

　次に「子どもの権利擁護主事」（Children's Rights Officers）もアドボカシーサービスと似た仕事をしている。この仕事は、チャリティー団体が始まりではなく1987年にレスタシャーで最初に自治体主導で設置された（津崎1999：60）。主に育成を受けている子どもたちの参加活動を目的とした事業を行っている。近年子どもの権利擁護主事が中心となって子ども権利サービス（Children's Rights Services）を立ち上げている自治体もある。この子どもの権利サービスは公的な会議や苦情解決制度の援助、相談事業も行っている。それゆえ、子どもの権利擁護主事は「アドボカシーサービス」の仕事と重なってきていると言われている（DfES2004a：19）。

　以上みてきたように、子ども参加及びアドボカシーの政策は近年めまぐるしく発展してきた。近年の政策をみれば、子どもの参加が含まれていない文書を探す方が難しいほどである。

　子どもの参加は実際に起きた虐待事例から学び、子どもの権利条約を根拠に、市民団体の運動と政権の勢いに乗って進んできたようである。

　ただ、本章6で示しているようにアドボカシーサービスの他にも類似の仕事があり、政府ですら誤解することがあるという（Boylanら2009）。とはいえ、これだけの多くの政策、職種を子どもの参加とアドボカシー活動のために充実させてきたことは大変意義深いものである。

第2章

子どもコミッショナーによる
アドボカシー実践
──ウェールズと北アイルランドを中心に

はじめに

　国連子どもの権利委員会（UNCRC =1998）は、第1回日本政府報告書において「子どもたちの権利の実施を監視する権限を持った独立機関が存在しないことを懸念」し、「既存の『子どもの人権専門委員』制度を制度的に改善しかつ拡大するか、もしくは子どもの権利のためのオンブズパーソンまたはコミッショナーを創設するかのいずれかの手段により、独立した監視機構を設置するために必要な措置をとるよう勧告」した。同委員会は第2回報告書審査（2004年）、第3回報告書審査（2010年）においても同様の懸念を示し勧告を行っている。日本政府は度重なる勧告にも関わらず、子どもオンブズパーソンやコミッショナーを設置する具体的な努力をしてこなかった。

　これと対照的に、英国では、イングランド・スコットランド・ウェールズ・北アイルランドの各国に子どもコミッショナーが置かれ、各地域における子どもアドボカシーの中心的な役割を果たしている。本章では、まず英国で子どもコミッショナーが設置されるようになった背景と法的根拠を明らかにする。その上で、英国で最初に設置され強力な権限を持つウェールズ子どもコミッショナーの活動とそれをモデルに設置され同様に強力な権限を持つ北アイルランド子どもコミッショナーの活動を紹介する。

1　子どもコミッショナーとは

　国連子どもの権利委員会（UNCRC =2002）は、「一般的意見第2号（2002

年）子どもの権利の保護および促進における独立した国内人権機関の役割」*1において、子どもの権利条約の実施を促進し保護するための重要な機関である子どもオンブズパーソンや子どもコミッショナー等の国内人権機関の意義を明らかにし、その設置を各国に奨励している。一般的意見第2号5では、子どもの人権を促進するための国内人権機関が特に必要な理由を次のように明らかにしている。

> すなわち、子どもはその発達上の状態ゆえにとくに人権侵害を受けやすいこと。子どもの意見が考慮にいれられるのはいまだに稀であること。ほとんどの子どもは選挙権を有しておらず、人権に対する政府の対応を決める政治プロセスでも意味のある役割を果たせないこと。子どもは、自分の権利を保護するためまたは権利侵害に対する救済を求めるために司法制度を利用するさい、相当の問題に直面すること。そして、自分の権利を保護してくれるかもしれない機関に対する子どものアクセスは一般的には限られていることである（ibid）。

　子どもの権利委員会によれば「国内人権機関は、可能であれば憲法上の確固たる基盤を与えられるべきであり、少なくとも法律による委任が与えられなければならない」（ibid）とされる。そして法的に委任された権限と独立性を持ち、子どもが主導している組織を含むさまざまな団体を代表し、子どもの権利の実施状況について監視し勧告や報告を作成すると共に、子どもの権利侵害に対する救済を提供するものである。すなわちその地域で生活する子ども達すべてに対して独立してアドボカシーを提供する中核的な機関と位置づけられる。

　こうした子どものための国内人権機関は、子どもオンブズパーソンや子どもコミッショナーと呼ばれてきた。1981年にノルウェーで最初の子どもオンブズマンが設置された。1985年にはスウェーデンで子どもコミッショナー

＊1　General Comments No.2,The Role of Independent National Human Rights Institutions in the Protection and Promotion of the Rights of the Child

が設置された。この子どもコミッショナーは、ノルウェーのモデルとは違って、例えば養護児童の権利を対象とする等、様々な担当を持つ多くのスタッフを擁していた（Boylan ら 2009：29）。イギリスの子どもコミッショナーは、その影響を受けているものと思われる。

一般にコミッショナー（Commissioner）とは「権限を委任された者」という意味であり、組織における最高の権限を有する責任者を指している。日本語では、長官、弁務官等と訳される。子どもコミッショナーとは「子どもの権利に関する最高の権限を委任された責任者」という意味である。そして権限の委任は議会や政府によって行われる。

2　英国における子どもコミッショナーの成立

（1）子どもコミッショナーの設置

英国初の子どもコミッショナーは、2001年にウェールズで設置された。そのきっかけとなったのは、北ウェールズで長期間に渡り養護施設内で虐待が生じていたことが発覚したことである。その調査を担当したウォーターハウス（Waterhouse 2000）は『ロスト・イン・ケア』という報告書を2000年に発表した。その中で彼は、こうした事態の再発を防止するために子どもコミッショナーの設置を勧告したのである。この勧告はただちに議会で審議され、その結果2000年ケア基準法（Care Standard Act 2000）により子どもコミッショナーの設置が決定され、2001年子どもコミッショナー法（Children's Commissioner for Wales Act 2001）により、その対象はウェールズに住むすべての子どもに拡大された。

英国は1991年に子どもの権利条約を批准している。2002年のイギリス政府報告書審査において、国連子どもの権利委員会（UNCRC 2002）は「イギリスの4つの地域すべてで子どもコミッショナーを設置する」よう勧告している。これを受けて北アイルランドでは2003年に、スコットランドでは2004年に子どもコミッショナーが設置された。ところがイングランド政府は、子どもの権利を擁護する他の制度があるとの理由でコミッショナーを設

置しなかった。そこで120を超える団体がコミッショナー設置のための運動を展開し、2005年にようやく設置されることになったのである（Boylanら2009：30）。

（2）国連子どもの権利委員会への子どもコミッショナーレポート

　国連子どもの権利委員会は、英国政府報告書の第3回目の審査を2008年に行った。その際英国の4人の子どもコミッショナーは、共同で子どもの権利の状況に関する報告書を提出した。これは『英国子どもコミッショナーレポート』[*2]（Aynsley-Greenら2008）と題され、35頁にわたって詳細にイギリスの各地域における子どもの権利の状況、子どもの権利条約の実施状況を報告している。それは各コミッショナーの子どもの声に耳を傾け、個別ケースに関する調査や勧告、政府の子ども施策に対する働きかけ等の経験に基づくものであった。

　このレポートは、序文で「英国に私たち4人の子どもコミッショナーが存在している事実が、前回2002年の政府報告書から、子どもの権利状況について一定の進歩が見られたことの証拠である。2002年の時点ではウェールズにしか子どもコミッショナーがいなかったのである。しかしながら、不幸なことに、2002年の子どもの権利委員会総括所見の一定部分が未だ実施されていないだけでなく、そのいくつかはより悪化しているという事実をも報告しなければならない」(ibid)と率直に書いている。そして、体罰など子どもの自由権に関する状態、育成を受けている子ども・障害児など福祉サービスを利用している子ども、難民や少年司法など権利を侵害されやすい子ども、教育・余暇・文化活動の状況、子どもの貧困などについて問題状況を具体的に明らかにし、細部にわたる勧告を行っている。

　日本においては、日本政府報告書に対するNGOのカウンターレポートが毎回出されてきた。それは独立して市民の立場から子どもの権利を擁護するという観点から重要なものである。しかし英国では、それに加えて、権威と権限を持ち、一定の財源の下多くのスタッフを擁する子どもコミッショナー

　[*2]　UK Children's Commissioners' Report to UN Committee on the Rights of the Child.

が報告書を提出するということは大きな意義を持っている。コミッショナーレポートに記されたほとんどすべての内容が、国連子どもの権利委員会の勧告として総括所見に反映されている（NICCY 2010a：21）。このことは、4人の子どもコミッショナーが、英国のすべての子どものアドボケイトとして強力な力を発揮していることの象徴である。

(3) 英国子どもコミッショナーの比較

　序章で述べたように、英国内の4つの国にはそれぞれ議会が置かれており、自治が行われている。従って子どもコミッショナーの設置についても、それぞれの経緯の中で独自の法律によって行われ権限等も異なっている。また同じ国であっても、就任するコミッショナーの経歴や考え方によっても具体的な活動のあり方は大きく変わる。ここでは、権限・活動等を検討するに先立ち、4つの子どもコミッショナーの特徴を、比較を通して明らかにしたい。

　表2－1は各子どもコミッショナーの根拠法・設置年・予算・任命・任期・調査権限・報告書提出先・調査実施事前承認の要否・個別ケース調査の可否・予算決定・活動基盤・子ども参加・特徴的活動を一覧表にしたものである。任命はスコットランドのみ女王から直接行われており、地方自治体からの強い独立性を持っている。任期はウェールズでは7年一期のみであり、他は一度のみ再任を認めている。（表2－1中の＋は再任の意味である。）

　コミッショナーの予算を決定する機関と年次報告・調査報告等の報告書の提出先は議会・政府機関に分かれており、政府機関に予算決定や報告書提出義務がある場合には独立性が弱い。

　どのコミッショナーにも、子どもの権利全体に関わる事案に関する調査権限がある。しかしながらイングランドにおいては、調査実施に先立って国務大臣の事前承認を受ける必要がある。また個別ケースの調査に関しても、ウェールズと北アイルランドは実施することができるが、スコットランドとイングランドは実施することができないのである。

　このように4つの子どもコミッショナーの権限・独立性には大きな差異がある。以下では4つの子どもコミッショナーの活動を詳細に検討するが、そ

の際この表を参照していただきたい。

表2-1 英国子どもコミッショナーの比較

	ウェールズ	北アイルランド	スコットランド	イングランド
根拠法	2000年ケア基準法・2001年ウェールズ子どもコミッショナー法	2003年（北アイルランド）子どもコミッショナー令	2003年スコットランド子どもコミッショナー法	2004年児童法
設置年	2001年	2003年	2004年	2005年
任命	地方政府	地方政府	女王	英国政府
任期	7年 (再任不可)	4年+4年	5年+5年	5年+5年
予算 (2009-10)	£1,857,000	£1,837,941	£1,379,000	£3,052,000
予算決定	地方議会	地方政府	地方議会	英国政府
報告書提出先	地方政府	地方政府	地方議会	英国政府
調査権限	有	有	有	有
事前承認の要否	否	否	否	要
個別ケース調査	可	可	否	否
活動基盤	権利条約	権利条約	権利条約	すべての子どもは大切及び権利条約
子ども参加	アドバイザリーグループ	アドバイザリーグループ	学校・団体を通しての参加	アドバイザリーグループ
特徴的活動	学校大使	権利実現キャンペーン	広報活動	引き継ぎの日

3 ウェールズ子どもコミッショナーの権限と活動

(1) 根拠法と権限

前述のように、ウェールズの子どもコミッショナーの設置は、北ウェールズの養護施設での虐待事件がきっかけとなっている。こうした事態が再発す

ることを防止するために、2000年ケア基準法第5部において7条に渡って子どもコミッショナーの設置が規定された。それは次のようなものである。

　　72条　ウェールズ子どもコミッショナー
　　73条　アレンジメントの審査と監視
　　74条　個別ケースの調査
　　75条　調査の妨害等
　　76条　その他の職務
　　77条　制限
　　78条　解釈（WAG 2000）

　ウェールズ子どもコミッショナーの特徴は、アレンジメント（行政や民間団体の子どもサービス）を審査及び監視し（第73条）、必要があれば個別ケースについて調査を行うことができる（第74条）強力な権限を持っていることである。この調査実施にあたって、事前に大臣に相談する必要はない。またこの調査に対する妨害や違法行為に対抗する高等法院（High Court of Justice）[*3]と同等の権限を持っている（第75条）。さらにサービスに対する苦情申し立てなどの様々な所定の手続きにおいて、経済的な支援や助言等のサポートを行う。ただしコミッショナーでは直接のアドボカシーサービス提供は行わない。これはボイスやチルドレンズソサエティ等のチャリティー団体に自治体から委託されるか自治体が直接提供する。

　2000年ケア基準法においては、子どもコミッショナーの権限は、アレンジメントの対象となる子どもに限られていた。しかし2001年ウェールズ子どもコミッショナー法制定により、その権限はすべての子どもに拡張された。また同法により権限も大幅に強化され、ウェールズ議会やその他の団体の活動の子どもへの影響を審査すること等が行われるようになった。

＊3　国王裁判所及び控訴院とともに、イングランド・ウェールズの最高法院の一部門をなす裁判所であり、最重要事件を一審として取り扱うほか、すべての下位の裁判所に対する監督権限を有する。

(2) 活動の概況

現在の子どもコミッショナーは2008年3月に就任したトウラー（Towler, Keth）である。彼はセーブザチルドレンウェールズのプログラムディレクターで、それ以前はナクロ（Nacro）というチャリティー団体の犯罪削減ディレクターであった。ユースワークの専門家であり、チャリティー団体の中で子どもの権利を守る仕事をしてきた人である（Taylor 2008）。

ウェールズ子どもコミッショナーオフィスには、子ども参加、政策／サービス評価と広報活動、調査と助言、コミュニケーション、総務の5つの機能があり、それぞれを担当する部署で30人のスタッフが働いている。2009～2010年の1年間の予算は185万7000ポンド（約2億5000万円）である。（CCfW 2010）

2009～2010年度の『年次報告』によれば、一年間の活動の概況は次のようなものであった。

　　52の子どもの団体をコミッショナーが訪問した。
　　40のウェールズ政府のコンサルテーションを行った。
　　30近い外部委員会にスタッフが参加した。
　　4つの賞を受賞した。
　　320のケースを「調査と助言チーム」が扱った。
　　215の報道記事があった。
　　27万1000回のホームページへのアクセスがあった。
　　膨大な距離をコミッショナーは出張した（ibid：2）。

(3) ウェールズ政府との協働

ウェールズ子どもコミッショナーの特徴について、政策担当者のハスキンは次のように述べている。

　　私の考えでは、他の子どもコミッショナーとの最大の違いは、ウェールズ政府と非常に良好な関係を築いていることです。「ただ政府を批判

するだけの組織だ」と否定的に見る人もいますが、「政府を助けるために私たちはいるのだ」ということを理解してもらうために大きな努力をしてきたのです。何かを変える必要があると思ったら、メディアに行って苦情を言うのではなく、まず第1に政府と話すのです。政府も私たちとの関係を信頼しています。私たちが最初の、そして最も長く活動しているコミッショナーだから、このような信頼関係が築けているのかもしれません（Hoskings, Interview）。

また2001年に子どもコミッショナーが設置されてから今日までの成果については次のように述べている。

　子どもアドボカシーの確立から、子どものためのスクールカウンセリングの確立まで、私たちは多くの成果を上げてきました。子どもの権利に対する理解の促進も成果のひとつです。たとえばウェールズではすべての学校にスクールカウンセラーが置かれています。イングランドではそうではありません。
　私たちは障害児の遊びへのアクセスについての調査も行いました。勧告はしなかったけれども、遊びの領域で働いている人たちが地域計画を改善するのに活用しました。人々が状況を改善するのに役立つような情報を提供しようと私たちはしてきましたし、それが何年もの間に大きな変化をもたらしました。
　うまくいかなかったものもあります。私たちは何年もウェールズの児童青年精神医療を厳しく批判してきました。長年とてもひどい状態が続いていて変わっていないのです。私たちは年次報告の中で毎年苦情を申し立てています。
　実現しないものもありますが、ほとんどは実現します。私たちのために動いてくれる政府だからです。英国の他の地域では同じような変化は難しいでしょう（ibid）。

ウェールズ子どもコミッショナーは単に政府を批判するだけではなく、子どもの権利が実現するように政府に働きかけ、政府を支援していることが重要である。「政府はコミッショナーを批判してくれる友人と見ている」(ibid)という言葉が関係性を象徴的に表している。

(4) アドバイザリーグループと学校大使
　北ウェールズと南ウェールズに２つのアドバイザリーグループがある。アドバイザリーグループの子ども達の仕事は次のようなものである。

- ・直接子どもと関わる仕事をどう進めたらいいかを助言する。
- ・子どもと関わる仕事の計画立案を助け、その一部に参加する。
- ・どんな風に話したり書いたりしたらいいのかを助言する。(たとえばどうすればホームページが見やすいものになるか、報告書やリーフレットが子どもにとって読みやすいものになるか。)
- ・職員採用に参加する（CCfW 2011a)。

　南ウェールズのアドバイザリーグループの人数は12人から15人であり、メンバーは広域に及んでいる。定期的なミーティングを行い、週末に合宿を行うこともある。タクシー代などの交通費、宿泊費、食費等はすべてコミッショナーが負担している（Hoskings, Interview)。
　またウェールズには48の学校があり、その各々に学校大使（School Ambassador）が置かれている。学校大使の仕事は次のようなものである。

- ・学校の子ども達に子どもコミッショナーについて伝えること。
- ・学校の子ども達に子どもの権利と子どもの権利条約について伝えること。
- ・学校の子ども達にどうすれば学校が良くなるかを聞き、他の人たちと一緒に学校を変えること（CCfW 2011b)。

以下では、「学校大使ツールキット」(CCfW 2011c) をもとに、学校大使の活動について紹介する。
　学校大使は子ども達の選挙によって男女1人ずつが選ばれる。立候補制であり、任期は1年である。学校大使に選ばれると、仕事の詳細とコミッショナーへの連絡方法を書いた学校大使パックとカメラが渡される。カメラで学校の様子を写して、コミッショナーに伝えるのである。コミッショナー事務所の参加担当スタッフが学校大使を支援し、定期的に会議を持つ。
　学校での具体的な活動は、子どもコミッショナーのポスターを貼る・リーフレットを配る・生徒会に参加する・生徒集会などで子どもの権利とコミッショナーについて話す・子ども達に困っていることや学校を変えるために何が必要かを聞く・学校を変えるために行動する、ということである。たとえばある学校では、学校大使が「学校のトイレについて困っていることは何ですか。どう変えたらいいと思いますか」という質問を子ども達にし、その結果をまとめて生徒会で発表した。トイレのお湯が熱すぎることと石けんがないことが主な問題点だったがそれは改善された。「いじめられたことはありますか」、「それはどんないじめですか」と子ども達に質問し、いじめ問題に取り組んだ学校大使もあった (ibid)。
　このように各学校の子ども達と直接つながって、また子ども達自身が主体となって、コミッショナーのことを子ども達に知らせ、また子ども達のことをコミッショナーが知ることができるネットワークを作っていることがすばらしい点である。

（5）相談・支援活動
　2009～2010年度の『年次報告』によれば、相談・支援を行った一年間のケース内容及び件数は表2-2のようになっている。教育が最も多く、社会サービス、家族法の順になっている。例えば次のような事例が掲載されている。

　　障害児の里親養親からの相談があった。地方自治体が必要な配慮をし

ないため、子どもは友達と一緒に中学校に行けず、遠くの学校に通わなければならないということであった。障害者差別禁止法の下での地方自治体の責任について私たちは里親に助言した。また「平等と人権コミッション」[*4]に彼らが接触できるようにした。

　さらに苦情を申し立てようとしても、「親権がないから苦情申し立てはできない」と地方自治体から里親は聞かされていた。私たちは里親も苦情申し立てができることを情報提供した。また苦情手続きの進め方について情報提供もした。その結果、里親は地方自治体から必要な配慮をする旨の合意を得ることができ、1年遅れて子どもは地域の中学校に行くことができるようになった（CCfW 2010：9）。

2000年ケア基準法第74条が定める公式の調査はこれまで1件だけ行われている。それは2004年7月に公刊された「クルウィチ報告」（Clwych Report）である。これはウェールズの中学校における劇を教える教師による性的虐待の嫌疑についての調査であり、調査実施に18ヶ月を要し、200万ポンド（約2億7000万円）が必要であった（Hoskings, Interview）。前述のように、2000年ケア基準法第75条によりコミッショナーは高等法院判事と同等の権限を与えられており証人は喚問を拒否できない。そして証人には弁護士を依頼する権利があり、弁護士費用はコミッショナーがすべて負担するからである。ウェールズ政府が必要な費用を追加提供した。「クルウィチ報告」は重要な勧告を含み、その多くは行政によって実施さ

表2－2　北アイルランド子どもコミッショナーの相談内容

問題	数
助言	49
いじめ	18
児童保護	20
教育	165
環境	45
家族法	58
健康	49
住宅	12
移民	37
法律	10
社会サービス	120
少年司法	41
計	475

（出所）ibid:8

＊4　「平等と人権コミッション」は9つの属性について人権を促進・監視し、平等を強化・促進する法的権限を持つ公的機関である。9つの属性とは、年齢・障害・ジェンダー・人種・宗教と信仰・妊娠出産・結婚とシビルパートナーシップ・性指向・性別再指定である（Equality and Human Rights Commission 2011）。

れたのである (ibid)。

4　北アイルランド子どもコミッショナーの権限と活動

(1) 根拠法と権限

　ウェールズに続いて子どもコミッショナーが設置されたのが北アイルランドである。その根拠法は、2003年（北アイルランド）子どもコミッショナー令[*5]である。そこでは6条1項において「この政令の下でコミッショナーが職務を遂行する最も重要な目的は、子どもの権利と最善の利益を守り促進することである」(Northern Ireland Assembly 2003) と定めている。北アイルランドの子どもコミッショナーはウェールズの制度を参考に作られたため、ウェールズ同様個別のケースについて調査する強力な権限をもっている、調査実施にあたって事前に大臣に相談する必要はなく、また調査に対する妨害や違法行為に対抗する高等法院と同等の権限を持っている (2003年子どもコミッショナー令20 (1))。

　また主要な活動は以下の3点に整理されている。

- ・子どもの権利の促進――コミッショナーは、子どもはどのように扱われなければならないのか、また子どもの権利とは何かを規定した国際的な合意である国連子どもの権利条約に導かれる。
- ・苦情解決のための法的活動――コミッショナーは、子どもまたは両親／保護者からの、18歳未満の子ども（障害のある子どもとリービングケアの子どもは21歳まで）に影響を与えるサービスへの個別の苦情を取り扱う。
- ・調査――コミッショナー事務所は調査を通して子どもを助けるすべての活動の基盤である。子どもが悪影響を受けていると考える時は、一般的調査を実施する権限をコミッショナーは持っている。コミッショナーはまた、子どもへのサービス提供、苦情聴取、意見考慮が適切な

＊5　The Commissioner for Children and Young People (Northern Ireland) Order 2003

方法で行われているかどうかを調査することを求められている。
（NICCYP 2010a：3）

（2）活動の全体像

現在のコミッショナーは 2006 年 12 月に就任したリューズレイ（Lewsley, Patricia）である。1 期 4 年で 2 期目を務めている。リューズレイは就任前は北アイルランド議会の議員であり、党派横断的な子ども議員連盟を立ち上げ、子どもコミッショナー設置活動をしてきた中心人物である（Lewsley, Interview）。オフィスは首都のベルファストにあり、2009 〜 10 年度の総予算は 183 万 7941 ポンド（約 2 億 4800 万円）であった（NICCY 2010b：42）。

2009 年〜 10 年度の主な活動は、権利実現（Make it right）キャンペーン、コミュニケーション、参加、政策と調査、法律とケースワークであった。コミッショナーがケースワークを行った新規の案件は 676 件であった。これをコミッショナーが優先的に取り組む 6 つの領域事に集計すると、その割合は「遊びと余暇（2％）、意見表明（20％）、福祉と精神保健（5％）、児童保護（23％）、平等な取り扱い（46％）」である（ibid：7）。

（3） 権利実現キャンペーンと議会への働きかけ

コミッショナーは子どもの権利条約採択 20 周年を記念して、2009 年 1 月から一年間権利実現運動を実施した。その目的は次のようなものである。

- 様々な関係者（政府、子ども、NGO を含む）に、子どもの権利条約及び北アイルランドの子どもに影響を与える日常的な問題に関して啓発すること。
- 子ども達自身が子どもの権利運動に参加すること、またそれを通して権利条約を実施する政府の責任を問うこと。
- 権利条約 20 周年に利用できる様々な資源を提供し、総合支出評価と 2011 年の北アイルランド議会選挙に影響を与えること（ibid：12）。

リューズレイ (Lewsley, Interview) は、これは「若者自身が自分で自分をアドボケイトできるようにする運動」であると指摘している。具体的には、子どもに関する様々な課題に対して若者自身によって展開されるワークショップを毎月行う。その成果は若者に関わるさまざまな場に届けられ、政策決定者に実行を求めることになる。一年間の課題は次のようなものである。

 1月　貧困と取り組む
 2月　家族を支援する
 3月　子どもに安全な地域をつくる
 4月　子どもが意見表明する
 5月　渡英の子どもを保護・支援する
 6月　遊びと余暇のための場所を確保する
 7月　障害児を支援する
 8月　育成を受けている子どもを支援する
 9月　万人のための教育
10月　安心と精神的健康
11月　法律を犯した子ども達（NICCY 2011a：42）

例えば1月の運動の例は次のようなものである。

　保育の授業を受けているベルファストメトロポリタン大学の学生達は、ヤングケアラーの問題に熱心に取り組みました。8500人のそのような若者がいて、平均年齢は12歳、障害のある親や祖父母、兄弟のために週50時間を費やしていることが分かっています。学生達は200名の嘆願書を議会に送り、厚生教育大臣に手紙を送りました。このようにして、直接当事者ではない若者が問題を知るようになり、当事者の若者のために運動したいと思うようになったのです（Lewsley, Interview）。

一年間を通して2000人以上の子ども達が権利実現運動に参加し、ワーク

ショップを行った子ども達の数百のメッセージがコミッショナーに寄せられている。それらはホームページ上で公開され活用されるとともに、コミッショナーの活動を方向づけるものとなっている。

　コミッショナーは、各々の課題について行政の取り組みが不十分な3つの点について声明を発表している。11の課題があるので、33の声明が出たことになる。この33の声明を下に、政府の各部署の取り組みを2年間に渡って検証し、実施を促すのである（ibid）。リューズレイは多くの政治家とパイプがあり、また政策決定のプロセスや政治的な駆け引きを熟知している。こうした点を活用して、強力なロビー活動を行い、多くの政策の変化を実現しているのである（ibid）。

（4）若者委員会と子ども参加

　コミッショナーは、コミッショナーの活動に対して助言・協力する「若者委員会」（Youth Panel）を組織している。ホームページにはその目的が次のように記載されている。

> 委員会の目的は、子ども達が次のことに主体的かつ全面的に役割が果たせるようにエンパワーすることである。
> ・北アイルランドの子どもに影響を与える問題について相談を受け、参加し、討論すること
> ・NICCYの常勤スタッフの採用
> 委員会には様々な宗教・能力・障害・民族の25人のメンバーがいる。メンバーの住んでいるところも北アイルランド全域に広がっている（NICCY 2011b）。

　この委員会ではジェンダーバランスが考慮され、性的マイノリティの子どもも参加している。年齢は12歳から18歳（障害児とケア下にある若者は21歳まで）である。2009年の委員の選考では、13箇所から52名の応募者があり、子ども自身が選考を行うピアセレクションが行われることになった（Lewsley, Interview)。4 〜 5 年委員を務める子どももいて、年少の子ども達の世話をし、経験を伝えるのである（ibid）。

　活動への子ども参加は「子ども自身による調査やプロジェクト策定に従事することから、種々の委員になり意思決定に参加することまで多様である。また彼らは新たな職員を雇用する際にも重要な役割を果たし、訓練を受け、面接委員になり、選考過程でおとな委員と同じ権限を持つ」のである（NICCY 2010b：15）。また彼らは、権利条約20周年記念週には、ラジオやテレビに出演し、首相や政党の代表にインタビューした（ibid：13-4）。欧州オンブズマンネットワークが創設した若者アドバイザー欧州ネットワークでも中心的な役割を果たしているのである。

　2009-2010年度を通して、参加部門のスタッフは4700人の子ども達と直接会って活動し、150以上の学校、若者団体、若者組織と活動している（ibid：16）。

第3章
子どもコミッショナーの意義と課題
──スコットランド・イングランドを中心に

はじめに

　本章では、まずスコットランドとイングランドの子どもコミッショナーの権限と活動を検討する。どちらも子ども参加の促進や子ども政策への働きかけという点では独自の活動をしている。しかし個別ケースの調査権限がないという点で同じ課題を抱えている。この2つのコミッショナーの検討の後に、英国の4つの子どもコミッショナーのアドボカシー機関としての意義と課題を整理する。

1　スコットランド子どもコミッショナーの権限と活動

(1) 根拠法と権限

　多くの市民団体がスコットランドの子どもの声を代弁する機関をつくり出すために10年に渡って運動を展開してきた。そして2002年に市民団体が共同で、コミッショナーが必要な根拠をスコットランド議会教育文化スポーツ委員会に提出した。その結果、2003年にスコットランド子どもコミッショナー法[1]が可決され、子どもコミッショナーが設置されたのである。
　スコットランド子どもコミッショナー法は、4条から9条まで6項目に渡ってコミッショナーの機能を定めている。それは次のようなものである。

---

[1] Commissioner for Children and Young People (Scotland) Act 2003

第4条　権利の保護と促進
　第5条　国連条約と機会平等
　第6条　子ども参加
　第7条　調査の運用
　第8条　調査開始と実施
　第9条　調査：証言と文書

　第4条第2項では、具体的にコミッショナーの職務を4項目に渡って列挙している。それは次のようなものである。

(a) 子どもの権利についての理解と認識を促進すること
(b) 子どもの権利に関する法律・政策・実践の評価を適切性と効果の観点から行うこと
(c) サービス提供者が最善の実践を行うように促すこと
(d) 子どもの権利に関する調査を促進、委嘱、実施し、報告書を発行すること（ibid）

　他の子どもコミッショナーと比較した時、法律と政策を子どもの権利の観点から審査することが明確に規定されているのが特徴である。また職務の執行にあたっては子どもの権利条約を尊重することが強く求められている（第5条）。子ども参加についても、「職務遂行にあたって子ども及び子どものための組織に相談する」ことが明記されている（第6条）。
　一方「他の子ども一般もしくは特定の子どもに係わる重大な問題を喚起する」（第7条（2）項（a））場合を除いて、個別の子どものケースを調査することはできない。ただし調査開始にあたって国務大臣に事前に相談する必要はない。またスコットランドの子どもコミッショナーは、英国で唯一スコットランド議会の指名に基づいて女王から直接任命されており（第2条）強い独立性を持っている。

(2) 活動の概況

現在のコミッショナーはベイリー（Baillie, Tam）である。彼は30年以上にわたって、非行少年、リービングケアの若者、若年ホームレスの支援に実践者としてまたマネージャーとして関わってきた。2003年からはバーナードの政策ディレクターとして、またスコットランド子どもの権利同盟の議長として活動してきた。コミッショナーに就任したのは2009年である。

事務所は首都エジンバラにあり、2009年～10年度の年間総予算は、137万9000ポンド（約1億9000万円）であった（SCCYP 2010：19）。スタッフは16名であり、参加と教育、政策、コミュニケーション、総務の4つの部門に分かれている。

(3) 4つの戦略目標

コミッショナーは4つの主要な戦略目標を掲げている。それは次のようなものである。ここでは1から3について概略を紹介する。

戦略目標1：国連子どもの権利条約の影響を最大にすること
戦略目標2：スコットランドの市民社会における効果的で持続可能な、広範な子ども参加を促進すること
戦略目標3：子どもの権利を促進・保護すること
戦略目標4：コミッショナー事務所を目的達成に効果的・効率的・適合的なものにすること（ibid：5）

戦略目標1は子どもの権利条約と子どもコミッショナーについての広報活動である。ベイリー（Baillie, Interview）はこのことに関して次のように述べている。

> その（広報の重要性とベイリーが就任直後であること－訳注）ことから、子どもに影響を与える政策と実践に責任がある人たちに自己紹介することに多くの時間を費やしました。そこには、国務大臣・議員・上級公務

員・全国的/地域的な市民運動のリーダー、ボランティア団体が含まれています。2009年秋以来、私はスコットランドの市町村のすべてを訪問する目的の一部として21の自治体を訪れ、教育・余暇・ソーシャルワークの責任者と会い、学校と若者のための施設を訪問しました。……中略……私は27の学校を訪問して子ども達と話し、ケア施設を訪問して多くの若者と会いました。

コミッショナーはまた、11歳以下向けと12歳以上向けの二種類の「権利資源パック」(Rights Resource Packs) を製作配布した。これはワークショップと創造的活動を通して、子ども達が子どもの権利について理解する機会を提供するものである。

戦略目標2は子ども参加の促進である。彼の就任以前は、レファレンス団体やケア下にある子ども達の団体、若者研究者団体など、多くの子どもの団体を運営し、そうした子ども達がコミッショナーに助言・協力していた。しかし、ベイリーはこれらをすべて廃止して、学校、子どもに関する民間団体、地域的・全国的な公的団体との連携により、広範な子ども参加をめざす新たな方針を打ち出した（ibid）。その「参加戦略」は次の5つの要素から成り立っている。

① スコットランド全体で子ども参加の効果的で有意義な実践を促進すること
② コミッショナー事務所ができるだけ多くの子ども達と接触できるネットワークを開発するために、多様な関係者と協力して普遍的で良質の参加実践を行うこと
③ さまざまな方法や資源を駆使して、子どもとコミュニケーションする最新の方法を利用すること
④ 子どもの権利条約とコミッショナーについての知識と理解を、学校教育を受けている子ども達が持てるように教育機関と直接協働すること
⑤ コミッショナーの政策優先課題の発展に、子ども達が直接影響を与え

ることができるようにすること（SCCYP 2010：7）

⑤を実現するために、様々な子ども達が集まる全国的な協議会を結成し、2015年までに発展させることをめざしている。

戦略目標3は子どもの権利の保護・促進である。この分野では3つの活動が行われている。第1は、収監されている少年の権利、障害児の権利等のテーマごとに、社会的に弱い立場の子どもの権利を保護・促進するための政策を検討している。第2は政府の政策や法律の評価である。例えば2009年性犯罪（スコットランド）法（Sexual Offences（Scotland）Act 2009）の制定に際して、刑事訴追される最少年齢が12歳であることに懸念を表明している。

表3－1 スコットランド子どもコミッショナーの相談内訳

問題	数	％
里親／育成	7	5％
難民	4	3％
いじめ	2	1％
児童保護	17	11％
子どもの権利	7	5％
接触	5	3％
障害	2	1％
教育	22	14％
一般	41	27％
健康	2	1％
住宅	2	1％
法律	34	22％
余暇	5	3％
参加	4	3％
計	154	100

（出所）ibid:16

第3は直接相談を受け支援することである。2009～2010年度には「相談総数は154であった。スコットランドの32の市町村のうち22から相談があった。またイングランドや英国以外からの相談もあった」(ibid：16)のである。相談の内訳は表3－1のようになっている。

2 イングランド子どもコミッショナーの権限と活動

(1) 根拠法と権限

イングランド子どもコミッショナーの根拠法は 2004 年児童法である。2004 年児童法の第 1 部は子どもコミッショナーについて 9 条に渡って規定し、第 2 条では「子どもコミッショナーの一般的機能」について 12 項に渡って規定している。第 2 条の規定で特に重要な項目は次のようなものである。

(1) 子どもコミッショナーはイングランドの子ども達の意見と利益についての一般の認識を促進する職務を持つ。

(2) 子どもコミッショナーはとりわけ以下のことを行う。

(a) 子どもに影響を及ぼす仕事や活動に従事している人たちに対して、子どもの意見と利益を考慮するように促す。

(b) 国務大臣に対して子どもの意見と利益について助言する。

(c) 子どもに係わる苦情手続きの執行に関して検討または調査する。

(d) 子どもの利益に関する他のあらゆる事柄に関して検討または調査する。

(e) 本条に基づいて行ったあらゆる検討、調査に関して報告書を発行する。

(f) 子どもコミッショナーは、子どものウェルビーイングの以下の諸側面に関して、とりわけ関心を払わなければならない。

(a) 身体的、精神的、情緒的ウェルビーイング／(b) 危害とネグレクトからの保護／(c) 教育、訓練、余暇／(d) 子ども達によってなされた社会への貢献／(e) 社会的、経済的ウェルビーイング

(4) 子どもコミッショナーは本条の職務を遂行するにあたって子ども参加の合理的方策をとらなければならない。

(7) 子どもコミッショナーは、本条の下で、個別の子ども事案に関して調査を実施することはできない。

(10) 法令の下で職務を遂行している者に関して子どもコミッショナーが勧告を含む報告書を発行した際には、子どもコミッショナーが適切と判断した期限内に、勧告への応答として取った又は取ろうとしている措置に関して文書での報告を求めることができる。

(11) 本条で規定する職務のために、何が子どもの利益（一般的に又は特定の問題と関わって）にかなうかということを考慮する際には、子どもコミッショナーは国連子どもの権利条約を尊重しなければならない。

このように、子どもコミッショナーはイングランドの子ども達全体のアドボケイトであり、難民と移民の子どもに関しては英国の子ども全体に対して責任を負っている。具体的には、子どもの声に耳を傾け参加を促進する、国務大臣を始めとして様々な人に働きかけ子どもの利益にかなう政策の変化を促す、調査実施や勧告を行う、コミッショナーの活動自身を子ども参加の下に行うこと等がイングランド子どもコミッショナーの特徴である。

ちなみに、(2) 項 (f) に規定された5つの項目は、政策提言書『すべての子どもは大切』に規定された達成すべき5つの成果指標に基づいている。

(2) 活動の概況

現在のコミッショナーは、2010年3月に2人目として就任したアトキンソン（Atkinson, Maggie）である。アトキンソンには次のような経歴がある。

> ケンブリッジ大学で博士号を取得し、英語と演劇の教師であった。その後、ガテスヘッド市の学習文化部長を経て、教育部門と児童福祉部門が統合された際に子どもサービス部長に就任した。2008年には子どもサービス局長協会会長に就任した（Bennett 2009）。

事務所はロンドンにあり、2009年～10年度の年間総予算は、305万2000ポンド（約4億1200万円）であり25人のスタッフを擁している（CCfE

2010：30)。支出の内訳は表3－2のようになっている。この表によれば、積極的貢献に関する支出が最も多く全体の21％であり、次いで保護の18％、参加の16％と続いており、この3つの活動で全体の55％を占めている。

表3－2　イングランド子どもコミッショナー年間支出内訳

事業活動	％
少年司法	6％
子どもの権利条約	6％
ステークホルダー・エンゲージメント	7％
保護	18％
積極的貢献	21％
その他	3％
精神保健	1％
平等	4％
参加	16％
苦情	6％
コミュニケーション	7％
難民	5％
計	100

(出所) ibid：7をもとに作成

(3) 子どもコミッショナーの家

図3－1はイングランド子どもコミッショナーの活動を示した「子どもコミッショナーの家」である。まず子どもコミッショナーの土台は組織開発である。組織開発とは様々な環境の変化に適応して、最も効率的に機能するように組織を変革するということである。その上で、ステイクホルダー・エンゲージメントが行われる。これは、一般に組織がステイクホルダーと建設的な対話を行い、そこでの議論や提案を受けて、経営活動に反映させていくことを意味している。そしてステイクホルダーとは、その組織の活動によって利益を得るすべての人を指し、子どもコミッショナーのスタッフや子ども、地域住民のすべてを指している。とりわけ子どもが重要なステイクホルダーと考えられている。そのため子ども参加を保障する様々な活動が行われている。

こうした土台の上で、積極的貢献・苦情・精神保健・少年司法・保護・難民の6つの活動の柱がある。こうした柱を貫くのが政策提言書『すべての子どもは大切』・子どもの権利条約・平等である。こうした活動を通して、「子どもの権利が尊重され、子どもが愛され、安全に楽しく生活できること」(ibid：5) をめざしている。これがイングランド子どもコミッショナーの約束である。

（4）積極的貢献に関する活動——引き継ぎの日（Takeover day）

積極的貢献は主要な6つの活動の1つである。2009～2010年に行われたこの分野の主な活動は、引き継ぎの日・子どもの権利条約20年記念行事・メディアセンターである。またイングランド子どもコミッショナーは子どもアドバイザリーグループも組織している。

記念行事は2009年11月に子ども学校家庭省と共催で行われ、100人の子どもと150人の子どもに関係する部門の代表が参加した。メディアセンターは、メディアが子どもの声を聴くことを保障するためものであり、創設のための委託研究が行われた。

引き継ぎの日はイングランド子どもコミッショナーの特徴的な活動である。コミッショナーが主催して、年に一度全国的イベントを繰り広げる。子ども

図3－1　子どもコミッショナーの家

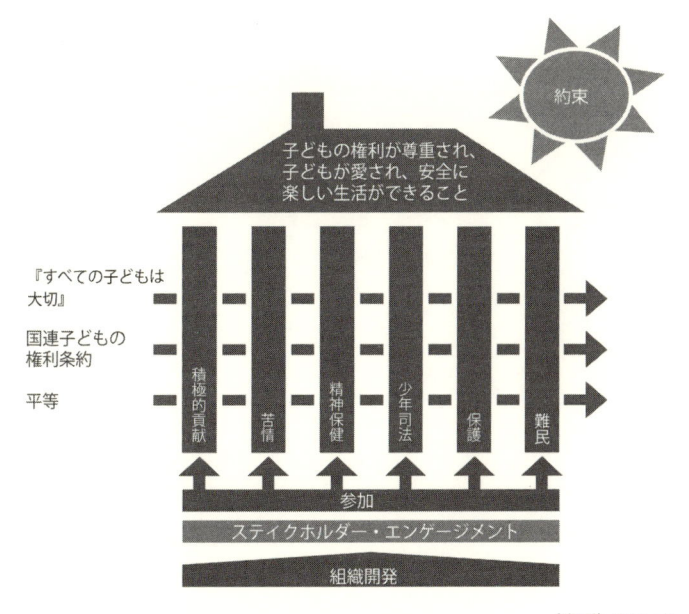

（出所）ibid：5

がおとなの仕事を引き継いで1日務めるというものである。たとえば2010年11月の引き継ぎの日には、教育省大臣を含めて30名の国会議員が仕事を1日子どもに引き継いだのを初め、4万人の子どもと1000を越える官民の団体が参加した（CCfE 2011）。

このように、子ども達が仕事を経験することから多くのことを学び社会に貢献できるようになることと、おとなや職場が子どもの斬新な見方から学んで仕事の仕方を変えていくことが引き継ぎの日の目的とされている。

> **コラム**
>
> **引き継ぎの日**
>
> 副子どもコミッショナーを経験した18歳のアクサー（Akther, Uma）は、その時の経験を次のように記しています。
>
> 副子どもコミッショナーのスー・ベレロヴィッチさんに会って、文字通り1日仕事を引き継ぎました。朝、私は英国赤十字協会を引き継いだ若者達と会いました。午後は、若者の就職難について、政府の人たちと公式に話しました。また英国青年協会の会長と「若者主導の団体を統合し、協力して活動できるようにするためにはどうすればいいか」を話し合いました。すごく楽しくて、やめたくありませんでした。子どもコミッショナーの仕事を沢山学びました（CCfE 2010：5）。

（5）苦情・精神保健・少年司法・保護・難民に関する活動

「子どもに係わる苦情手続きの執行に関して検討または調査する」ことは2004年児童法第2条第2項に規定されたイングランド子どもコミッショナーの職務の一つである。具体的には下記の活動が行われた。

- 民間団体と協力して行われた子ども参加に関する調査
- 「継続的な学校からの排除と特別な教育的ニーズの決定に対して子どもや親が訴える権利を強化すべきかどうか」という政府の諮問に答えるために行われた70人近い子どもへのインタビュー

・少年刑務所での苦情手続きの経験について若者と話すこと
・英国若者会と協力して行われた保健サービス利用に関する若者調査（ibid：11）

　次に精神保健の分野については、親や祖父母、友人などを亡くした子どもが受ける精神的ショックへのサポートを中心に、児童思春期精神保健サービスを改善するための活動を行ってきた。具体的にはイングランド親と死別した子どもネットワーク（Childhood Bereavement Network's England）という団体の調査活動の支援、親と死別した子どもの全国集会への支援活動が行われた（ibid：12）。

　第3に少年司法の分野では、「罪を犯した若者のニーズを理解して、ニーズに合った支援を提供することで再犯のサイクルを断つ」（ibid：13）ことを目的に活動が展開された。具体的には、以下のような活動が行われた。

・非行少年の精神保健ニーズとサービス提供に関する専門家委員会を設立し、2年間の調査研究を始めた。
・民間団体と協力して拘禁と捜査に関する法律に抵触している若者と話をした。
・ウェールズ及び北アイルランドの子どもコミッショナーと協力して、子どものプライバシー権を侵害する全国DNAデータベースを改正するように提案した（ibid：13）。

　第4は「危害とネグレクトからの子どもの保護」であり、以下の活動が行われた。

・家庭裁判所にメディアが入ることに関して、50人を越える子どもにインタビューし、大多数の子どもが「入るべきではない」と答えた。
・研究部門が、子どもサービスとの関係に困難を感じている家族に深層インタビューを実施した（ibid：9）。

最後は難民の子どもへの支援である。具体的には次のような活動が行われた。

- アールズウッド移民送還センターを訪問し、20人の若者及び両親にインタビューした。
- クロイドン難民ユニットを訪問し、スタッフ及び子どもにインタビューした（ibid：14）。

以上のように、イングランド子どもコミッショナーは個別ケースの相談・救済よりも、子どもに関する政策の評価や改善、キャンペーンや広報に力を入れている。イングランドが広域であること及びコミッショナーが個別のケースを調査することができないということとも関係していると思われる。

3　子どもコミッショナーの意義と課題

(1) 子どもコミッショナーの意義

スコットランド子どもコミッショナーのベイリーは、コミッショナーを「子どもの権利の公的指導者（figurehead）」であるとしている（Baillie, Interview）。ここで指導者と訳したfigureheadは、もともと船の船首につけられた女性の像を意味する。それは船の生命の象徴とされてきたものである。

この意味で子どもコミッショナーは、子どもの権利に命を吹き込む象徴的な地位を占めている。子どもの権利の公的擁護者・代弁者としての子どもコミッショナーの存在そのものが、子どもたち及び子どもの権利を促進しようとしているおとなたちを鼓舞し、子どもの権利の実現に向けて社会を変革していく力の源泉となっているのである。これが第1の子どもコミッショナーの意義である。

イングランド子どもコミッショナーアトキンソンは、「法的権限と倫理的な目的を持った子どもの権利の公的擁護者が提供するアドボカシーを子ども

たちは必要としているという観念によって子どもコミッショナーは支えられている」と述べている（Atkinson 2009）。まさしく子どもコミッショナーは子どもアドボカシーの中核的機関であり、福祉サービスを利用する子どものためのアドボカシーサービスを背後で支え促進しているものなのである。これが第2の意義である。

第3に、子どもコミッショナーの活動は子ども参加の模範的実践事例であり、また社会のあらゆる領域における子ども参加を促進していく原動力である。イングランドの引き継ぎの日、ウェールズの学校大使、北アイルランドの権利実現運動、スコットランドの参加戦略は、すべて子ども参加を促進しようとする社会への強力な働きかけなのである。

第4に、子どもコミッショナーは子どもの権利条約が規定する子どもの権利について、子ども自身とおとな社会に対して強力な広報・啓発を行っている。ウェールズの学校大使、北アイルランドの権利実現運動、スコットランドの子ども権利全国協議会、イングランドの引き継ぎの日はこうした側面で大きな役割を果たしている。

第5に、子どもコミッショナーは、子どもの権利の実現のために、あらゆる制度・政策を検討し変革していくシステムアドボカシーの中核でもある。各コミッショナーは政府の子ども政策について懸念を表明したり、運動を行ったりしている。それも子どもの懸念や願いを聴き、子どもの声を社会に伝えていく立場からそうするのである。

第6に、子どもコミッショナーは子どもの権利に関する相談を受け、苦情手続きを支援したり、権利侵害に関する調査を行ったり、関係機関に働きかけたりして、個別の子どものアドボカシーを直接に行っている。

第7に、ウェールズと北アイルランドのコミッショナーは、高等法院判事と同等の強力な権限を持って、個別ケースの調査を実施し、必要な措置を勧告している。このように子どもの権利救済を行う準司法機関としての機能をも子どもコミッショナーは果たしているのである。

(2) 子どもコミッショナーの課題

英国の4人の子どもコミッショナーが書いた『英国子どもコミッショナーレポート』は、英国の子どもコミッショナーの課題を指摘し、改善のための勧告を行っている。それを要約すると以下のようになる。

全般的に
1　各子どもコミッショナーの権限、独立性、予算はそれぞれに異なっており、どれもパリ原則を満たしていない。

独立性に関して
2　イングランド子どもコミッショナーは、調査を実施する前に国務大臣に相談しなければならない。従って国務大臣が調査実施に反対した場合には調査を実施できないことになる。
3　イングランド・ウェールズ・北アイルランドの子どもコミッショナーは、議会に対してではなく政府機関に報告書を提出しなければならない。加えてスコットランド以外は、各政府がコミッショナーの任命・再任・解雇を行っている。
4　イングランドと北アイルランドの子どもコミッショナーの予算は議会ではなく政府機関によって決められている。

権限
5　イングランドとスコットランドのコミッショナーには、個別ケースを調査する権限がない。イングランドのコミッショナーは、子どもが住んでいる住宅に立ち入ることができるがスコットランドのコミッショナーはできない。スコットランドは勧告に対して措置報告を求める権限がない。
6　ウェールズ・北アイルランド・スコットランドのコミッショナーは権利基盤アプローチを採り、子どもの権利条約を枠組みとして用いている。イングランド子どもコミッショナーは、政府の政策提案書『すべての子どもは大切』の5つの成果指標を利用するように求められており、政府の政策に直接縛られている。

各国議会に委譲されていない事項

7　各国議会に委譲されていない事項については、イングランド子どもコミッショナーが取り扱うことになっている。しかしこれは混乱をもたらしている。たとえば、ウェールズ子どもコミッショナーは難民の子どものケースを調査することができない。難民に関する事項は委譲されていないからである。これはイングランド子どもコミッショナーの仕事であるが、イングランド子どもコミッショナーには個別ケースの調査権限がないのである。各コミッショナーが自分の国内の子どもの問題をすべて取り扱えるように改善すべきである（Aynsley-Greenら 2008：8-9）。

このように、英国の子どもコミッショナーも独立性・権限・財源についてさまざまな課題を抱えている。しかしこうした課題を乗り越えていこうとする動きもある。

たとえば2010年7月に教育省がダンフォードに委嘱して行った「イングランド子どもコミッショナー独立再検討報告書」(Review of the Office of the Children's Commissioner (England))では、個別ケースへの調査を行えるようにする等の措置により子どもコミッショナーの権限を強化し、調査実施に先立つ国務大臣への相談義務を撤廃する等の措置で独立性を高め、また子どもの権利ディレクター[*2]と合併することでパリ原則に合致した新たな子どもコミッショナーに再編成することが提言されているのである（Dunford 201a：6-8）。

現在保守党・自由民主党連立政権の中で、福祉予算が大きく削られている。そうした中で、英国の子どもコミッショナーが今後どのように存続・発展できるのかに注目したい。

[*2] 2000年全国ケア基準コミッション（子どもの権利ディレクター規則（The National Care Standards Commission (Children's Rights Director) Regulations 2002）によって設置され、家から離れて施設や寄宿学校、里親のもとで生活している子どもの意見を聞き、ケアについて調査・評価する責任と権限がある。

第4章

イギリスの子ども保護ソーシャルワークの特徴と子ども参加

はじめに

　本章では、イギリスの地方自治体が展開する子ども保護ソーシャルワークについて、その仕組みと特徴、子ども保護ソーシャルワークチームの構成やソーシャルワーカーに要求される技術等について述べる。さらに、2007年に発生し、イギリス国民に強い衝撃を与えた児童虐待死亡ケース、ベイビーP事件がもたらした子ども保護ソーシャルワークへの影響や変化について述べる。また、子ども保護ソーシャルワークにおける子どもの参加状況について、ケア下にあった経験のある者の立場からの提言を交えて検討し、子ども保護ソーシャルワーカーが果たすアドボケイトとしての役割とその限界についても言及する。

1　イギリスの子ども保護ソーシャルワークの仕組み

　イギリスでは、地方自治体の児童ソーシャルケア部門（Children's Social Care）が子ども保護サービスを提供しており、その全体の統括は2007年6月に設立した子ども学校家庭省のもとにおかれてきたが、2010年5月に教育省に改組された。

　地方自治体の児童ソーシャルケア部門（2005年以前は社会サービス局、Social Services Department）は、他の地方自治体や保健局と共に、その地域に住むニーズのある子どもを危険から守り福祉を促進し、可能な限りそのような子どもの育成を家族が担えるよう、必要な場合には適切なサービスを提供

する義務を負っている（DoH 2000a：viii）。基盤となる法律は、2004年に改正された1989年児童法であり、その他児童虐待対応のガイドラインである『ワーキングトゥギャザー』等に基づいて児童虐待対応がなされている。

　また、1989年児童法47条第1項は、地方自治体の児童ソーシャルケア部門は、次のような場合には子どもの福祉を守り、促進するために介入するべきかどうか判断するのに必要な調査を行う、もしくは行わせる義務があると述べている。

a)　地域内に住む子どもが以下のような状態にある、あるいは地域内に以下のような子どもがいると知らされた場合
i)　緊急保護命令の対象になっている
ii)　警察の保護下にある
b)　地域内に住む子どもが重大な侵害を受けている、ないしは受けるおそれがあると疑うに足る理由がある場合、あるいはそのような子どもが発見された場合

（DoHら＝2002：57）

　子ども保護ソーシャルワーカーは、通告を受けたケースについて、アセスメントフレームワークに従い、アセスメントを行う。このフレームワークは、アセスメントを行うに際し、子どものおかれた状況を①子どもの発達ニーズ、②親の養育能力、③家族・環境的要因から多角的に検証するための検討事項を含んでおり、ソーシャルワーカーが行うあらゆるアセスメントの基盤になる重要なガイドラインとして広く活用されている。（図4－1参照）

　アセスメントの時間枠や手続きについては、イギリス政府の子ども虐待対応のガイドラインである『ワーキングトゥギャザー』（1999年、2006、2010年改訂）に詳しく述べられている。

　初期のアセスメントでは、先に述べた児童法17条にあてはまるニーズのある子どものケースであるのか、それとも47条にあてはまる「重大な侵害を受けている、あるいは受けている疑いのある」ケースであるのかが検討さ

図4-1 ニーズのある子どものアセスメントフレームワーク

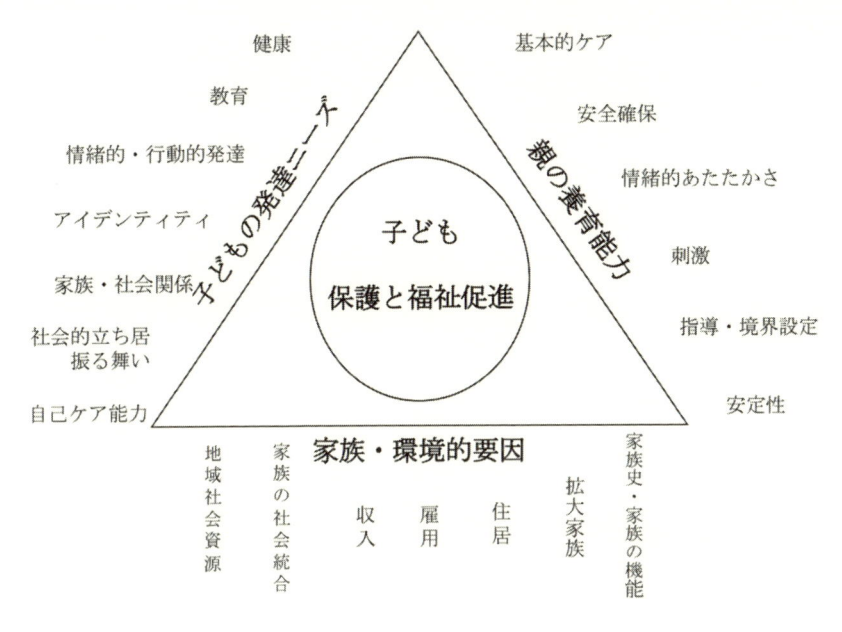

```
                    健康              基本的ケア
                教育                      安全確保
            情緒的・行動的発達                情緒的あたたかさ
        アイデンティティ    子ども              刺激
        家族・社会関係   保護と福祉促進      指導・境界設定
        社会的立ち居
          振る舞い                          安定性
      自己ケア能力
              家族・環境的要因
      地域  家族の  収  雇  住  拡大  家族史・
      社会  社会   入  用  居  家族  家族の
      資源  統合                      機能
```

（子どもの発達ニーズ／親の養育能力）

（出所）DoH2000a：17 Figure2

れる。そして、虐待されているという合理的疑いは認められないが、子どもに特別なニーズがあると認められるケースについては、コア・アセスメントが実施される。

　一方、虐待の疑いが認められる場合には、児童法47条調査義務に基づき、児童虐待防止手続きが行われる。初期のアセスメントの結果、虐待を受けている子どもの緊急の保護が必要とされた場合には、①家庭からの虐待者の排除命令（Exclusion Order, Family Law Act 1996）②警察保護権（Police Protection Power, Children Act 1989）あるいは、③裁判所による緊急保護命令（Emergency Protection Order, Children Act 1989）により緊急保護が実施される。また、虐待の疑いがあるが緊急対策を必要とせず、親の養育姿勢に改善の見込みがある場合には、子どもは任意ケア[*1]におかれる。

＊1　児童法20条に基づくケア。子どもは地方自治体の育成をうけ、ソーシャルワーカー

47条調査の結果、虐待の事実があり、今後も継続する恐れがあると判断された場合には、その子どもに関わる専門職（コアグループ）が集まり、子ども保護会議が開催され、保護プランの具体化が行われる。保護プランの内容として、ケア命令などの法的な親子分離等の方針が決定されることもある（峯本 2001：22-5）。

 ケア命令により地方自治体が親責任を取得した場合、それにより実親の親責任ははく奪されるのではなく、地方自治体と実親が親責任を共有し、地方自治体には実親の行動を規制する権限が与えられる。つまり、法的な強制命令により親子分離が成立した場合にも、実親は引き続き地方自治体のパートナーとして子どもの養育に参加し、子どもの福祉に一致する限り、できるだけ早く子どもを家庭復帰できるようにすることが地方自治体の義務とされている（ibid：39）。一方で、自治体の育成を受ける子どものニーズとして、子どもが形成している関係が安定しており持続的であること、すなわち、パーマネンシー（永続性）が重要視されている。そのため、家庭復帰が難しい場合には、実親との交流も積極的に支援するが、家庭復帰が明らかに無理であると見込まれる場合には、早期に養子縁組が検討される（伊藤 2009：81-2）。

 2000年に起きたビクトリア・クリンビエの虐待死事件後の政府による調査報告『ラーミング報告』を背景に刊行された2003年政策提言書『すべての子どもは大切』は、誕生から19歳まですべての子どものウェルビーイングを保障するべきであるという政府の立場を明らかにした。これは、事後的対処中心に行われてきた児童虐待対策への反省に立ち、すべての子どもを対象にした予防的かつ包括的なサービスを多機関との協働のもとに整えようとしたものである。そこで示された5つの成果指標（健康であること、安全であること、楽しみかつ目標を達成すること、前向きな活動に寄与すること、経済的ウェルビーイングを達成すること）は、すべての子どもへのサービスの評価指標として広く使われている。

の定期的訪問や再検討会議の対象ではあるが、ケア命令のように「重大な侵害」に基づく裁判所命令ではなく、子どもの親が親責任をもつ。親の同意のもと任意で地方自治体が子どもへ里親等の宿泊先を提供する。（Davis 2009）

2　子ども保護ソーシャルワークチームの構成

　児童保護ソーシャルワーカーは、各地方自治体に雇われている。雇用形態には、正規採用、臨時採用、またはリクルートエージェンシーを通した派遣契約などがある。日本のように、正規採用は1年に1回同時期に行われるという形ではなく、自治体により定員に空きがあり次第、年間を通して募集が行われる。

　子ども保護ソーシャルワーカーの組織構成は、地方自治体によってさまざまであるが、アセスメント・初期介入専門のチーム、継続的な家族支援・法的介入を担うチーム、里親・養子委託保護を担うチーム、リービングケアの若者へのサービスを担うチームなど、介入の過程や対象とする子どもの年齢等によって分かれている。こうして、より専門性の高いソーシャルワークサービスを提供することを図っている。ソーシャルワーカーは担当ケースにおけるクライエントへの日々のサポートやコーディネートについての責任を持つが、ケアプラン、児童保護プランの認可や、裁判所命令の申請などの重要な決定の際には上級ケアマネージャー（Senior Care Manager）の承認を必要とする。

　上級ケアマネージャーは、個人担当ケースはもたず、チーム内のソーシャルワーカーが担当するケースを把握・監督し、ソーシャルワーカー1人ひとりに定期的なスーパービジョンを行う。また、子どものニーズにより、追加経費をつかって民間団体による治療的介入を導入する必要がある場合などには、さらに上級ケアマネージャーの上に立つ主席ケアマネージャー（Principal Care Manager）の承認を必要とする縦割り組織のもとに成り立っている。地方自治体によって、その構成や名称は異なるが、ソーシャルワーカーも経験年数や熟練度によってレベルが分かれ、レベルの高いワーカーは、より高度で複雑なケースを担当し、レベルが下にあるワーカーへのアドバイスや助言をする役割が求められる。

　各自治体がソーシャルワーカーを募集する際には、必要とされる知識や技術を詳細に示した人員募集要項（Personnel Specification）が出される。章末

の資料4-1は、ブラッドフォードより2009年11月に出されたソーシャルワーカー（レベル1・初級）の人員募集要項を翻訳したものである。

3　近年の動向　　ベイビーP事件

　近年のイギリスにおける児童保護ソーシャルワークに大きな影響を与えた事件が、ベイビーP事件である。この事件は、2000年に起きたビクトリア・クリンビエ（8歳）の虐待死事件と同じヘリンゲイ地区（Haringey）で起きた事件であり、2007年8月に17ヵ月の男児が、母親（27歳）と同居していた男（32歳）に虐待されて死亡した。男児は頭部や顔面への挫僕痕、背骨と肋骨の骨折、口の中の傷など8カ月の間に全身50箇所以上の傷を負っていた（櫻谷：2009）。男児は8カ月間、地方自治体児童保護サービスの子ども保護登録下にあり、地方自治体のソーシャルワーカーを含むエージェンシーから60回もの訪問を受け、保健師（Health Visitor）、家庭医（General Practitioner）、病院の医師など、多くの専門職が関わっていた。それにもかかわらず死に至ってしまったことから、児童保護のシステムの欠陥や政策への批判が高まりメディアでも終始大きく取り上げられた。事件の検証は、ビクトリア・クリンビエ事件と同じくラーミング卿（Lord Laming）によって行われ、2009年3月には報告書『イングランドの児童保護　改善レポート』（The Protection of Children in England：A Progress Report）が出された。それに対して、子ども学校家庭省は、『イングランドの児童保護：行動計画　ラーミング卿への政府からの回答』（The Protection of Children in England：Action Plan The government's Response to Load Laming）を出版し、ソーシャルワーカー資格を取得したばかりの新卒ワーカーへのスーパービジョンを保障すること、質の高いスーパービジョンを提供するための研修を行うこと、子ども保護ソーシャルワーカーを積極的に採用するためのキャンペーンを行うことを含んだ行動計画を発表した。（DCSF：2009）

　このように、子ども保護政策への見直しの機会をもたらした一面もあったものの、ベイビーP事件が現場で働く子ども保護ソーシャルワーカーに与

えた衝撃は大きかった。ベイビーPを担当した女性ソーシャルワーカーとチームマネージャーの名前はメディアによって大きく取り上げられ、二人は社会的ケア総合評議会（General Social Care Council, GSCC）[*2]より16カ月の暫定停職令を受けた後、それぞれ2か月間、4か月間ソーシャルワーカーとして働くことを禁止された（McGregor in Community Care 2010：11）。事件発生当時、ベイビーPの担当ソーシャルワーカーは、ビクトリア・クリンビエ担当ソーシャルワーカーの担当件数19ケースに近い、18ケースを担当していた。英国ソーシャルワーカー協会の共同マネージャーであるヌシュラ・マンスリは、イギリスのソーシャルワークシステム上、20ケースの担当は非現実的であるとの見解を示している（Garboden in Community Care 2010：7）。

また、ベイビーP事件後、多くの地方自治体で、子ども虐待の通告数が増加し、ソーシャルワーカーと児童ソーシャルケア部門への負担は大きくなった。その結果、地方自治体の育成を受ける子どもの数や裁判に関わる経費も増加した。しかし、地方自治体ソーシャルワーカーの欠員率は2009年には10.9％から11.3％に上昇し、国民のソーシャルワーカーに対する否定的な捉え方、スタッフの士気の低さ、担当ケースの増加、経費削減などが、労働移動率の高さにつながっていると考えられる。（McGregor in Community Care, 2010c：26）このような高い欠員率を補充するために、地方自治体では、正規採用の職員ではなく、派遣会社に登録しているエージェンシーソーシャルワーカーを短期的対策として採用している。

図4－2は、子ども家族裁判所助言サポートサービス（Children and Family Court Advisory and Support Service, CAFCASS）によるケア命令申請数の変化を表している。これによれば、2010年3月には、ケア申請数が832件となり、記録上最大の数値に及んだ。ベイビーPのケース再検討が発行さ

[*2] イギリスのソーシャルワーカーとソーシャルワーカー育成教育を管轄する組織。イギリスでソーシャルワーカーとして働くには、GSCCに登録する必要がある。ソーシャルワーカー資格は3年ごとに登録を更新する必要がある。資格更新のためには、3年間で15日間、あるいは90時間以上の研修あるいは専門性を高めるための学習等を修了することが義務づけられている。（GSCC 2010）

れてから申請数が大幅に上がったことから、これらのケースが適切なタイミングと理由にもとづきケア申請に及んだのかどうかについて同サービスは調査を行った。その結果、申請数の増加はベイビーP事件に依拠していたとしても、申請を行うことが必要なケースであったと結論づけた（CAFCASS 2010a：14）。

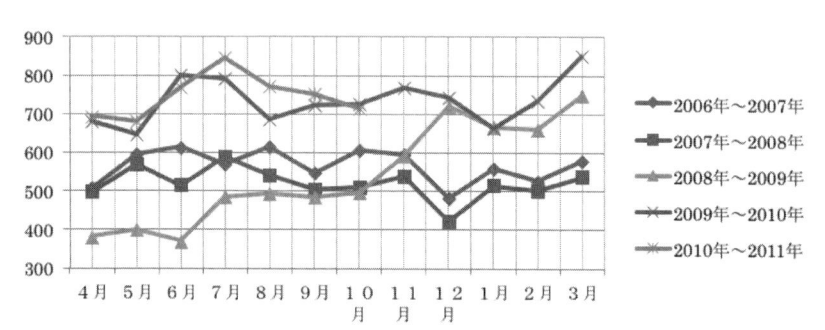

図4－2　公法（PUBLIC LAW）によるケア申請数の推移

（出所）Children and Family Court Advisory and Support Service

　ベイビーP事件により、現場の子ども保護ソーシャルワーカーは、さまざまな批判にさらされた。しかし他方では、2010年のボーンマス大学の調査によると、イングランドとウェールズにおける14歳以下の児童虐待関連の死亡件数と原因不明の暴行による児童死亡件数の合計件数は1974年から2006年の間に136件から84件と38％減少している（Pritchardら2010）。この調査を分析したプリチャードとウィリアムスは、「子ども保護システムは機能していない」という見方が、現場で働くスタッフの士気を失わせることを懸念するとともに、「子ども虐待の政治的側面」を指摘し、メディアと政治家がベイビーPのような悲劇にどのように対応するかによって、人々がもつ道徳観念に対する混乱状態が起こる危険性を指摘している。

4　子ども参加の実際

　子ども保護ソーシャルワークを行う中で、子どもの意見を反映することは積極的に行われている。ケア下にある子どもを対象とした再検討会議の議長は、地方児童保護委員会（Local Safeguard Children Board）に席を置く独立再検討官が務め、子ども保護ソーシャルワークチームから独立した立場であり、子どもの最善の利益にかなう公正な決定になるよう配慮されている。再検討の前には、子ども保護ソーシャルワーカー、実親、里親、里親ソーシャルワーカー、施設職員などそれぞれの立場から子どものケアに対するレポートまたはアンケート用紙を独立再検討官に提出する。年齢によっては、子ども自身も、ケア下にある状況、施設や里親、実親に対しての気持ちをアンケート用紙に表現する機会が与えられる。また、その年齢や理解能力を考慮した適切な範囲で、再検討会議への参加も促されることがある。

　子どもの権利の保障は、ケア命令などによる法的親子分離が裁判所により決定される場合にも、具体的に保障されている。緊急保護命令やケア命令のための裁判手続きに際しては、それぞれの立場をサポートする複数の弁護士が重要な役割を果たす。児童保護ソーシャルワーカーは、地方自治体の法律部門に所属する弁護士と連携し、弁護士が代理人として各種法律的手段の申し立て等を行う（峯本2001：63）。また、ほとんどのケースで実親である両親に、各自1人ずつ弁護士が選任され、子どもにも弁護士が選任される。さらに、児童虐待防止手続きの過程で、子ども参加が適切に援助されていないという認識から、中立的立場から子どもの最善の利益のために、裁判所への提言を行う子どものための訴訟後見人（Guardian Ad Litem）が弁護士とは別に存在し、地方自治体の保有するすべての記録にアクセスできる法的権利をもっている（峯本2001：264-267）。裁判手続きについては、親の権利とともに子どもの権利が具体的に保障されている。

　また、1989年児童法（第1条等）により、裁判手続きを利用するに際しての基本理念として、①子どもの福祉が裁判所の至高の検討事項であること（福祉原則）、②裁判所は、命令を全く発しないよりも、命令を出した方が子

どもにとってよい結果が得られると判断される場合以外には、命令を発してはならないこと（不介入原則）、③裁判所は命令の付与、変更、取り消しにあたっては、次の事項を考慮しなければならない（福祉チェックリスト）という3点は、最も重要な原則と考えられている（峯本2001：257-8）。

　福祉チェックリストは、一定の場合を除いて、裁判所に課する原則であり、裁判所が子どもに何らかの影響を与える決定をする場合、直接的にもしくは間接的に子どもの生活に変化をもたらすか否かに関わらず、裁判所は子どもの福祉を最大の関心として考慮するという原則である。具体的には、福祉チェックリストは、次の事項を考慮することを1989年児童法第1条（3）は掲げている。

1．対象となる子どもの望みと気持ち
2．子どもの肉体的、情緒的、教育的ニーズ
3．裁判所の決定の結果、状況が変わった場合に子どもに及ぼすと考えられる影響
4．子どもの年齢、性別、背景と裁判所の決定に関連するその他の特徴
5．子どもが受けてきた危害や子どもが受けるリスクのある危害
6．子どもの親（あるいは裁判所が適当と判断する者）が子どものニーズにあったケアをあたえることができるか
7．裁判所の法的手続きにより駆使することのできる法的権限

　子ども保護ソーシャルワーカーは、裁判手続きの際に、上記の福祉チェックリストを含んだレポートを作成する義務があるため、レポート作成過程で子どもと個人的に話す機会をつくり、リストの項目に従い、子どもの考えや希望を聞く必要がある。

　子ども保護ソーシャルワーカーが子どもの声を反映させることが大切なことは明らかであるが、ソーシャルワーカーは、その子どもの立場や置かれている状況に関する理解度、年齢などを考慮して適切な聞き方をしなければならない。これは必ずしも簡単な作業ではない。自らがケア下にあった体験を

もつボイス・フロム・ケア（詳細は第10章参照）のキャロル・フローリス (Floris, C.) は子どもの参加について次のように語った (Floris, Interview)。

　子どもの声を反映するのは大切なことですが、子どもとしては、会議に出席することや、再検討会議の前に用紙を埋めることがなぜ大切なのか分からない場合も多いと思います。私も、色々な質問をされても「全部うまくいっている」「分からない」といった答え方をすることが多かったのです。
　その一方で、子どもは何が必要なのかをはっきり分かっている場合もあります。それは、「現在の里親のもとに暮らしていたい」という願いであったり、「今の学校を移らずにいたい」という単純なものであるかもしれません。ソーシャルワーカーのようにそれを理論的に言うことはできないかもしれませんが、子どもが会議に出席することにより、そうした願いを発言し、実現することにつながるのであれば、その機会は利用されるべきだと思います。そうした、子どもにとって本当に大切なことを伝えるための準備段階として、発言する機会を常に与えていくことは必要だと思います。
　それと同時に、子どもに質問をするとき方法についても考慮すべきです。例えば、パーマネンシープランを作るのは大切なことですが、11歳の子どもに、「現在の里親の下で18歳になるまで暮らしたいですか」と尋ねるのは適切でしょうか。子どもは、「今は幸せだし、一緒に住んでいる里親や家族が好き」ということは言えるかもしれません。しかし11歳といえば、7年前の記憶も定かでない年齢です。こうした場合、より適切な質問は、「今の学校は好きですか」「今の里親と暮らしている所は好きですか」「どんなことをするのが好きですか」「変わればいいなと思うことはありますか」といった「現在の立ち位置・現在の事象」に関する問いかけです。
　こうした質問に、「今の状況を変えたくない」「今の家族とあと何年か暮らしたい」といった答えが子どもから得られれば、さらに「今の学校

を卒業する自分を想像できますか」といった質問につなげます。このような質問の仕方や順序が大切です。子どもは、おとなと同じ時間の感覚（タイムフレーム）をもっていないことにも気を配ることが必要です。

　ソーシャルワーカーが、ケア下にある子どもに関するレポートを作成する際に、「クライエントの視点」が、クライエント（両親・または子ども）と専門家（ソーシャルワーカー）との対話に基づいて述べられているのではなく、ソーシャルワーカーの視点を強化するための手段として取り入れられる傾向も指摘されている。(Rooseら：2009)
　フローリスの言葉は、義務であることから形式的に子どもにおとなの視点、ソーシャルワーカーの視点からのみ質問を投げかけるのではなく、子どもの立場を理解したうえで、会話することの必要性を示唆している。

コラム

子ども保護ソーシャルワーカーの就職面接における子ども参加

　イギリスでのソーシャルワーク・福祉分野での就職面接において、利用者・当事者が面接者として関わる場合は多々ある。私自身の経験では、児童福祉分野では、職員による面接に加えて子どもからの面接が別に設けられていた。子ども面接の形態は、これまで就いた子どもと関わる仕事についての体験を3人の子どもに10分間発表した後、質疑応答を行うというもの、また子ども保護ソーシャルワークの面接では、スピード面接といって、ケア下にある7名の子どもがそれぞれ一つずつ質問を用意しており、それぞれに3分間以内で答えて次へ移るというものがあった。いずれの場合も、面接に関わるのは10代の子どもたちで、面接には大人の職員が同室していた。児童保護ソーシャルワークのスピード面接での質問内容は、「『すべての子どもは大切』に述べられた5つの成果目標について挙げ、さらに事例を2つ挙げて具体的に説明せよ」、「守秘の原則について説明せよ」「子どもがいじめに遭遇した場合、どのように対処するか」といった専門性の高い質問だった。子どもたちは前

もって参加促進ワーカー（Participation Worker）という、子どもの参加を促すための専門職よりトレーニングを受け、被面接者の回答について採点をする形式を取っており、その意見が採用のための評価基準の20％を占めていた。

5　子ども保護ソーシャルワーカーとしてのアドボカシーの必要性と限界

　子ども保護ソーシャルワーカーとして子どもの声や思いをアセスメントの段階で反映させることは必須である。そのために、子どもとどう向き合い、気持ちを引き出すかは重要な課題であり、子どもの言葉を代弁することやエンパワメントによるアドボカシーはソーシャルワーカーの必須の方法論といえる。ケア経験者のフローリスは、子どもを人間としてエンパワーすることの必要性を語った。それは、子どもを守るだけでなく、過去の経験と今の生活を結びつける感覚を育て、自分が誰であるのかを理解する手助けをすることである。こうした働きかけは、子どもの本当の意味での参加を促すために必要なことである。

　しかし、子ども保護ソーシャルワーカーは、子どもにとって現実的な最善の利益を原則に決定を下すため、必ずしも子どもの気持ちを反映できない場合があることも事実である。またソーシャルワーカーとしての専門的な技術と知識を備えていたとしても、人間同士の関わりなので、すべてのクライエントとよい関係を築けるとは限らない。さらに、重要な決定をする場合には、マネージャーからの承認が必要なため、必ずしもソーシャルワーカー個人としての判断がつらぬけない場合もあるだろう。そうした場合に、ソーシャルワーカーとしての立場からではなく、独立した形で子どもの代弁ができる独立アドボケイトは、ソーシャルワーカーよりもさらに子どもとの距離が近い立場から、子どもの声を反映し、必要な場合は代弁する可能性を秘めている。

　地方自治体の中にはアドボケイトと会い、派遣申請をすることに抵抗を感じるソーシャルワークチームもあることが事実のようである。それは、アド

ボカシーが「苦情申立を促す」と信じられていることによる不信感や、立場を弱められたソーシャルワーカーがリスクを回避しようとして組織の方針に従った保護的立場をとることなどによる。しかし、多くのソーシャルワークチームはアドボケイトの役割を強く承認している。(Pithouse,A.ら 2008：143)

　子ども保護ソーシャルワーカーがアドボカシーの原則や技術を実践に取り入れることは非常に重要である。また、独立した立場から発言できる独立アドボケイトと建設的なパートナーシップを形成した場合には、さらに子どもの声を効果的に反映させる実践を行う可能性が広がるのではないかと考えられる。

資料4－1　ソーシャルワーカー（レベル1・初級）の人員募集要項（ブラッドフォード）

属性	必須	望ましい	選定方法
経験	・資格取得前に子どもを対象とする公的社会サービス分野で働いた経験、あるいは関係分野の活動を支えるボランティア活動経験	・子ども・家族への直接援助の経験 ・多機関との連携、コンピューターシステムを通したコミュニケーションを含む情報共有の経験	申請書・選考過程
資格	・CQSW/CSS/DIPSW あるいはそれらに値する資格 ・GSCC に登録していること		申請書・選考過程・証明書
研修		・児童保護に関する研修 ・統合的に働くために必要な技術を培うための研修に進んで参加すること	申請書・選考過程
特殊知識	・子どもに関する分野の法律 ・社会ケアサービス部門の機能 ・子ども分野におけるソーシャルワーク実践・方法論の知識と子ども・家族と働くことの重要性についての理解 ・平等に関わる問題についての知識	・エスニックマイノリティーの文化的、社会資源的ニーズに関する知識 ・子ども・若者・家族に影響を与える問題についての知識 ・多機関との協働に関する問題点についての理解 ・アセスメント・フレームワークの理解 ・「愛着理論」の理解	申請書・選考過程

平等観	・出願者は自治体の平等・多様性政策と実践の義務・責任を負うことを明らかにすること ・権利平等・多様性への実践的解決に努め、積極的アプローチを行うこと ・担当分野において、公正・平等・多様性に関する問題への理解を示すこと		選考過程
素質・適応性・態度	以下の能力 ・明らかな理由に基づいた決定 ・協力的、客観的な関係をつくる ・ソーシャルワークチームの一員として働く ・複雑な問題を抱え、困難な行動を示す可能性のある傷つきやすいサービスユーザーと働く ・他の専門的機関に対し、ソーシャルワークの視点を示すこと ・機関構成やシステムに限界や制限があることを受け止める ・法律や本部門の政策の要求に従うこと ・ケース担当にともなうストレス管理 ・子ども・若者・家族と働くことへの強い責任をもつ ・抑圧的ではない態度での実践 ・スーパービジョンのもと、イニシアティブを駆使して働く・物事を決定する際にサービスユーザーの意見を反映する・専門家技術の更なる研鑽をつむ	共通アセスメントフレームワーク（Common Assessment Framework）の知識	選考過程

実践的・学問的技能	・運転免許証（障害が取得を妨げる場合を除く） ・差別を排除する環境のもとで働き、貢献する能力 ・明確で説得力のあるレポートを作成する能力 ・時間管理、提出期限を守る能力 ・コンピューターによる情報管理・記録を学ぶのに必要なタイピング・コンピューター使用技術		申請書・選考過程
個人的状況	・イギリスで法的に働く権利を有する ・子どもまたは傷つきやすいクライエントと働くことを妨げる個人的背景、犯罪歴がないこと（犯罪歴調査を実施） ・運転免許証を所持し、自動車保険に加入していること		選考過程 面接に際する必要書類の照合
肉体・感覚	1995年障害者差別禁止法に従い、適切な場合は、すべての義務・任務を遂行するために必要な配慮を行うこと		選考過程

（出所）Jobsgopublic2009

第5章

ウィルトシャー州における独立アドボケイトの実際
―― ファミリーグループ・カンファレンスを中心に

はじめに

イギリスでは、子どもの援助方針を話し合うケース会議（第6章1節を参照のこと）に子ども本人が出席または参加することが権利として認められている。それを支援することは独立アドボケイトの中心的な役割である。本章では、様々な会議の中でもファミリーグループ・カンファレンス（Family Group Conference 以下、FGC）におけるアドボカシーの事例を中心に、子どもの参加とそれを支えるアドボケイトの具体的な役割及び特徴を明らかにする。その際、FGCにおいて独立アドボケイト事業をイギリスで最初（1998年）に始めたウィルトシャー州の活動を対象とする。この最初の独立アドボケイト事業の立ち上げに中心的な役割を果たしたヒラリー・ホーラン（Horan, H.）に2010年8月にインタビュー調査を行った。本章ではそのインタビュー調査の内容を中心に事例紹介と考察を進める。

1　FGCとは何か

FGCとは「拡大家族ネットワークの潜在的力を活用し、拡大家族や場合によっては親しい友人・近隣がソーシャルワーカーをはじめとする専門職とともに、子どもが安全かつ十分に養育されるための必要項目を話し合う公式の会議」である（林2008：47）。ニュージーランドで開発（1989年）され、少なくとも17カ国（FRG 2009：14）で活用されている。他の会議と大きく異なるのは、専門家主導ではなく家族主導で計画を練るという点である。家族

が意思決定に参加することによって、子どもの再虐待が減る等の効果が認められてきている（Marshら1998）。日本でも研究が進んでおり、実際に神奈川県児童相談所ではFGCに近い実践が始まっている（妹尾ら2010：189）。

イギリスでは90年代からFGCが開催され始めたが、司法省が裁判の早期処理を目指して作成した「公的法律概要（Public Law Outline（2008））」によって、FGCを始める地方自治体が特に増加している（FRG 2009）。裁判手続きの前に、FGCなどを利用して地方自治体と家族が討議した記録を裁判所に提出することを定めたのが公的法律概要である。または裁判期間中にFGCの利用を促す場合もある。

イングランドでは地方自治体の69％，ウェールズでは地方自治体の81.8％がFGCを行っている（FRG 2009：4）。子どもに虐待など重大な侵害がある場合、家族と一緒に住むことができない場合、リービングケアの子ども、少年犯罪、反社会的行動、トラウマの症状がある子どものパーマネンシープランニングのためにイギリスではFGCが利用されている（Ashleyら2006：8）。

またFGCは表5－1の各段階をたどる。「②準備」の段階で、子どもはコーディネーターより説明を受け「アドボカシー利用の選択」を行う。子どもはアドボケイトの支援を受けて会議の事前準備を行うことができる。③④⑤は実際に家族メンバーが参集する会議である。その際には、アドボケイトは子どもの希望により子どもと同席し、子どもの参加と意見表明を支援する。ただし④の段階は原則として家族メンバーのみで行われるので、アドボケイトは別室で待機し必要に応じて子どもの相談に乗り支援することが多い。⑥の検討会の際に、子どもが希望すれば再度アドボケイトが支援する。

表5－1　FGCの各段階の要約

①　照会／送致：FGCを選択する場合、プライベート・タイムでプライバシーが他のメンバーの前で公表されることを家族に確認する。FGCが決定するとFGCマネージャーがコーディネーターを決定する。その条件は家族のアセスメントやサービスの提供に直接関与していないことである。

② 準備：コーディネーターは（拡大）家族のメンバーと直接話し合い、家族ネットワークの確認作業に入る。子の養育に重要なメンバーを確認し、FGC に招聘するメンバーをコーディネーターが決定する。招聘する家族とも交渉し、FGC の日取りを決める。
③ 情報提供：この段階で家族全員が顔を合わす。進行役はコーディネーター。目的は家族プランを作成するための情報収集とその共有化である。専門家は家族プラン作成の為の条件提示と情報提供に限定され、家族をアセスメントしたり自分の考える家族プランを強要したりしてはならない。
④ プライベート・タイム：コーディネーターと専門家は退出する。家族だけで子育て（家族）プランを作成する。時間は家族に任される。コーディネーターはプライベート・タイムに入る前に、家族プラン作成に失敗した場合の専門家の対応を家族と確認しておく。
⑤ 家族プランの合意：作成された家族プランは専門家（ソーシャルワーカー）の審査を受ける。基準は子の安全と福祉が守られ、虐待が回避される内容になっているかという点にあり、その判断と責任はソーシャルワーカーにある。問題がなければ家族プランは実行される。
⑥ モニターと検討会：家族プランのモニターや検討会はソーシャルワーカーの責任である。検討会は家族プランが実施されて 12 週間以内。家族の要請があればいつでも可能である。

（出所）田邊 2006：379-80

2　ウィルトシャー州のアドボカシーサービスの概要

事業の正式名称は「ウィルトシャーとスウィンドンファミリー・グループ・カンファレンスとアドボカシーサービス」（Wiltshire & Swindon Family Group Conference & Advocacy Service）である。ウィルトシャー州とはイングランドの南西部に位置し、コッツウォルズの一部である。世界遺産として

有名なストーンヘンジがある場所として知られている。人口は約64万人である。スウィンドンとは、ウィルトシャー州の北東部に位置し、独立行政区となっている。人口は約18万人である。イギリスの大手チャリティー団体バーナードがこの事業の委託を受けており、FGCと子ども保護会議のアドボケイトを主に行っている。2006年から1年間の利用数は以下の通りである（WSFGCAS 2007）。

表5-2　アドボケイトの利用者数

	FGC	子ども保護会議
ケース数	83家族	110家族
アドボケイトの利用	32名	99家族＝子ども145名
アドボケイト利用せず	26名	11家族

（WSFGCAS 2007：3）を基に作成

この他に「独立訪問アドボカシー」（Independent Visiting Advocacy）として訪問型のアドボカシーサービスも行っている。これは施設等へ訪問し子どもと関係づくりを行うこと及び心配事や問題をできる限り早く認識することを目的に行われている。毎週、カノンズハウス（Canon's House）という障害児の短期居住型のレスパイトサービスへ訪問している。さらに、コッツウォルドコミュニティ（Cotswold Community）という52週間まで利用できる独立寄宿特別学校（independent residential special school）にも2週間に1回訪問する。この学校には情緒的な障害をもつ子どもが入居している。

この事業には、事業を支援してくれる子どもと家族の団体があり、スタッフの新規採用、訓練、運営、イベントの際に助言する。

運営資金は1年間（2006年度）で行政のソーシャルサービスから10万7,702ポンド（約1450万円）と外部組織（CS Invested Voluntary Funds）からの資金7,872ポンド（約110万円）である。

3　ウィルトシャー州におけるFGCの
　　アドボカシー提供の手順

(1) アドボカシー利用の選択

　FGCのコーディネーターは基本的に地方自治体から独立した立場である。この事業でも、コーディネーターはバーナードが行う。このコーディネーターは事前に家族に会いFGCの説明を行う。その際、子どもとも最初に会い、FGCでどのように意見や気持ちを聴いてもらいたいかを話し合う。また4歳〜5歳以上の子どもすべてにアドボケイトを提供できることを伝える。そして、子どもと家族が利用を選択した場合、アドボケイトが提供されるという仕組みである（Horan, interview）。

　子どもがアドボケイトを選択しない場合は、FGC参加者の中の誰か、またはコーディネーターがアドボケイトの役割も担うことがある。コーディネーターがアドボケイトを行うことについてホーランは次のように述べている（ibid）。

　　コーディネーターは事前に多くの参加者（拡大家族）と会い、参加者全員を大切にしなければならないので子どものアドボケイトになることには困難が伴います。すべての参加者と会い彼らの意見をすでに聴いているからです。子どもがアドボケイトは要らないと言ったなら、コーディネーターが子どもを助けることになります。「もしアドボケイトがいてくれたら仕事はずっと楽になる」と言っているコーディネーターもいます。子どもを常に注意深く見ておく必要がないからです。FGCはとても情緒的な会議です。母親が部屋の隅で泣いているかもしれないし、父親がもう一つの隅で騒いでいるかもしれないのです。そんな中で、子どもは大丈夫かどうかを配慮しなければならないのです。だから、ずっと子どもだけに注目し続けることができるアドボケイトがいてくれる方が楽なのです（ibid）。

コーディネーターはアドボケイトとしての訓練も受けている（ibid）。そのため、別の会議ではアドボケイトとして会議に出ることもある。このようにコーディネーターもアドボケイトの役割を担うことができるのだが、より子どもに焦点を当てた支援を行うために独立アドボケイトが存在するのである。
　本章では FGC を中心に述べているが、参考のために子ども保護会議におけるアドボケイトの提供方法も紹介する。子ども保護会議における独立アドボケイトの提供は、オプトアウト（opt-out）方式で行われている（ibid）。オプトアウトとは、サービスを受けるか受けないかに限らず、サービスが拒否権付きで提供されることをいう。つまり子ども保護会議を開催することになった子どもすべてにアドボケイトが提供され、不必要な場合は拒否できるというシステムである。実際の利用選択の手順は、まず子ども保護会議を行う予定のすべての親と子どもに、それぞれ別々の封筒で招待状とアドボケイトについて書かれたリーフレットを郵送する。
　一方アドボカシーサービスがオプトイン（opt-in）方式で提供されている地域もある。オプトインとはソーシャルワーカーなどの専門職が、子どもにアドボケイトが必要か否かを判断する方法である。オプトアウト方式とオプトイン方式の違いについて、ホーラン（ibid）は次のように指摘している。

　　オプトイン方式で提供されている場合にも、アドボケイト利用が子どもにとって有益だとソーシャルワーカーが判断するケースは確かにあります。でも多くのソーシャルワーカーは「自分が子どものアドボカシーをしているので他のアドボケイトは必要ない」と考えています。そのためソーシャルワーカーがアドボケイトを照会する方式の場合は、親や子どもが照会する場合よりも委託率は低くなります。これはソーシャルワーカーへの批判ではありません。「自分は子どものことよく知っているし、子どもの考えも分かっているからアドボケイトは必要ない」とか、「この子はあまり賢くないから、あるいはあまり話をしないだろうからアドボケイトを照会する時期ではない」とソーシャルワーカーは考えるかもしれません。しかし、アドボケイトの利用は子どもの権利です。結

果的に子どもが何も言わないと選択してもそれはそれで構いません。ソーシャルワーカーが「子どもは何も言うことがない」と推測すべきではないのです。なぜなら、実際には子どもたちは沢山話す場合が多いし、これまで誰にも話さなかったことを話しているからです。

(2) 事前準備

事前準備でのアドボケイトの仕事とソーシャルワーカーの仕事との違いを、ホーラン (ibid) は次のように述べている。

> 私たちは調査をしません。ソーシャルワーカーは、警察や教師と同様「なぜその出来事が起きたのか」を調査します。たとえば「父親はなぜ腹を立てたのか」、「子どもはなぜ学校に行かなかったのか」、「子どもはなぜ腕を折ったのか」、「なぜ子どもは母親と一緒に住んでいないのか」という事柄についてです。私たちはそういうアプローチはしません。私たちは子どものケースファイルは読みません。私たちが知る必要があるのは基本的なことだけです。「お母さんはいないのかな」と聞いて、「半年前に死んだの」と子どもが答えるようなやりとりをしたくはありません。だから基本的情報は必要です。けれども精神科医の鑑定書も裁判記録も読みません。「継父が子どもの腕を折ったために子ども保護会議が開かれる」とか、「母親と継父と生活している子どもが、この90日間で10日しか学校に行っていないために子ども保護会議が開かれる」ということを知るだけで十分なのです。

> それで子どもと出会った時の私たちの仕事は、何についての会議なのかを子どもに説明することです。そして、それを子どもは理解しているか、会議でできることとできないことを子どもは知っているのかを確認します。さらに「会議で何か言いたいことはありますか」とか、「状況を良くするにはどうしたらいいと思いますか」、「何が状況を悪くすると思いますか」、「会議で言いたいことは他にありますか」と質問するのです。

通常、事前の準備のために2回子どもと会う。知的障害がある子どもの場合には3回会うこともある（ibid）。なぜそれ以上会わないかということについて、ホーラン（ibid）は次のように説明している。

　　会議で子どもが何を言いたいのかに焦点を絞り、子どもがそれに同意すればそれでいいのです。それ以上すればセラピー的な事を始めてしまうことになるし、「会議で何が言いたいのか」を手助けする以上のことを始めてしまうことになると私は思います。

　FGCに出席する子どもに、部屋を飾る絵や「ようこそ」と書いてもらって子どもが主体的に参加する会議であることを示す。そのために沢山のペンやシールを用意する。会議で何を言うのかを子どもが決めるための支援の方法は次のようなものである。

　　「もし会議に行く前に言いたいことを書いておけば、どんなことでも変えることができるんだよ」と私たちはいつも言います。ポストイットを時々使います。7～9歳の子どもとは、人の絵を描いたり、関係するすべての人に言いたいことを全部考えてもらったりします。そしてそれをすべてポストイットに書きます。50枚以上のポストイットになることもあります。そのうちのいくつかは嫌いな人に対して言いたいことです。
　　次に会議で言いたい最も大切なことは何かを考えます。そしてより良い言い方を考えます。というのは子どもが「悪い言葉」を使うことがよくあるからです。そこで「自分の感じていることを他の言い方で言うことはできないかな」と子どもによく尋ねます。「会議に行って攻撃的な言い方で言ったら、みんな分かってくれないよ」と子どもによく言います。

子どもはいくつかのポストイットを取って捨てることができます。子どもは私を信用しないかもしれません。「紙をどこかに持って行ってしまうのではないか」とか、「紙をどうしようと思っているんだろう」とか、「どこに行けば紙を見られるんだろう」とか考えるかもしれません。でももし子どもがポストイットを剥がして捨ててしまうことができたら、子どもは情報をコントロールできるのです。何か子どもが言いたくないことがあれば、それを共有し、目の前でシュレッダーにかけます。それで子どもは私たちの言うことを信じることができるのです（ibid）。

アドボケイトは会議で子どもが何を話すかに焦点づけたセッションを子どもと持つ。そのことを子どもが理解し、アドボケイトが何のために来ているか分かった上で、子どもがそのセッションをしたくない場合はそれでも構わない。子どもはただ絵を描いてゲームをして過ごすこともできるのである。(ibid)

(3) FGC 開催中

　FGC は教会か村役場で行われる。子ども保護会議がオフィスの大きな机で行われるのと比べて、とてもリラックスしたものである。現在ウィルトシャー州の FGC では、約 90％の子どもが出席する（ibid）。FGC では 5 歳以上の子どもの約 60〜70％ が独立アドボケイトを選ぶ（ibid）。
　FGC 開催中のアドボケイトの役割は次のようなものである。

　　私たちはいつも 2 つの部屋を用意します。子ども達が最初 5 分間アドボケイトと話し、その後隣の FGC が行われている部屋に行くことができるようにするためにです。また FGC が行われている部屋から子どもが出たり入ったりできるようにするためでもあります。アドボケイトにして欲しいことを、子どもは指示することができます。子どもはとても前向きです。でも「隣の部屋に行ってこれを言ってきて。そしてみんなが何て言ったか教えて。その後一緒に隣の部屋に行くよ。」とアドボケ

イトに言うかもしれません。あるいはFGCの行われている部屋に行って、アドボケイトが一緒にいる必要もなく、自分で意見を言うかもしれません。

　子どもが会議の席に着くまでアドボケイトは準備します。出席してみて、思ったより悪くないと思う子どもがいます。その一方で「なんてこった、あなたがして」と言う子もいます（ibid）。

家族だけで話し合う時間（プライベート・タイム）には、アドボケイトはできるだけ同席しないようにし、趣旨通り家族だけで話し合うことを大切にしている。

後日、FGC再検討会などがある場合、再度案内を郵送して、「あなたの前のアドボケイトはヒラリーでした。今度もヒラリーにしますか。それとも他の人、それともアドボケイトは必要ありませんか」と尋ねる（ibid）。

4　FGCにおける独立アドボケイトの事例（事前準備）

　ここでは、ホーラン（ibid）が実際に担当した事例に基づいて、FGCにおけるアドボカシーの実際について説明したい。

　母親がエリーをパブに置いて男性と一緒に去ってしまったため、エリーは3週間公的な支援を受けている。FGCの議題はエリーが今後どこで安全に暮らせるかということである。図5－1にある「スターチャート」を使って、誰があなたにとって大切で、何かその人に言いたいことがあるかをアドボケイトはエリーに尋ねた。

　FGCに子どもが出席する場合、写真か本人が書いた似顔絵を使う。多くのシールと星の形、ペンを準備しておく。エリーが部屋に来たとき、最初に自分の似顔絵を描いてもらった。これが、まさにあなたのミーティングということを伝えることになる。他のFGCの参加者もこれによって子どものための会議であることを思い出す。

　そしてエリーは星の上に大切な人の名前を書いた。左上のクリフォード先

図5−1「スターチャート」

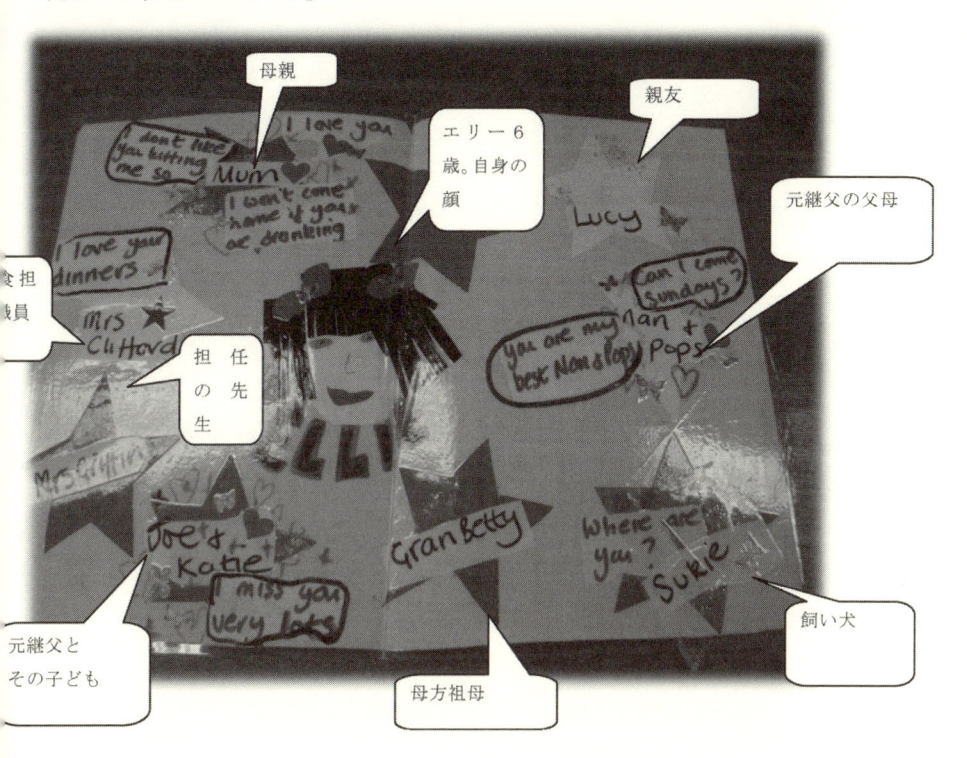

(図中の吹き出し注記)
- 母親
- 親友
- エリー6歳。自身の顔
- 元継父の父母
- 給食担当職員
- 担任の先生
- 元継父とその子ども
- 母方祖母
- 飼い犬

生（Mrs. Clifford）は学校給食を配膳してくれる人である。エリーは自宅に住んでいた時、きちんと食事ができていなかった。クリフフォード先生はエリーが体が小さく、空腹だと知っていたので他の子の2倍の量を配膳していた。それゆえ子どもから見て彼女は重要だった。エリーはクリフォード先生の名前の上に「あなたの給食が大好き」と書いている。「どこに住むのが安全か」がこのFGCの議題なので、クリフォード先生に関するコメントは、「いかにエリーが空腹でいたか」という重要な情報を示している。

　その下にグリフィン先生（Mrs. Griffin）という担任教師の名前がある。エリーは先生の名前を書いたが、先生に対して言いたいことはないようで、何も書いていない。右上のルーシー（Lucy）とはエリーの親友であり、こちらにもメッセージはない。

元継父であるジョー（Joe）とジョーの実子ケイティ（Katie）の名前も左下に書かれた。エリーは2歳から5歳半まで彼らと一緒に住んだ。ケイティとは血のつながりはない。エリーはジョーとケイティの名前の周りに沢山のハートをつけ、きらびやかにした。そして「ふたりに会えなくてとってもさみしい（I miss you very lots）」と書いた。今度開かれるFGCに来てほしいと言った。「I miss you very lots」というのは感情的な表現であり、良い英語ではないけれど、彼女の想いの強さを表しているという。

　そしてその右に母方祖母のベティ（Gran Betty）の名前を書いている。彼女に対して何もメッセージを書いていない。その右に、飼い犬のスキ（Sukie）の名前を書き、その横に「どこにいるのかな」と書いた。彼女がパブで置き去りにされた時、スキもアパートで置き去りにされたのである。スキが今どこにいるのかエリーは知りたかった。実際は、犬の保護団体RSPCAに引き取られていたのである。

　右中央にあるのは元継父の「おばあちゃんとおじいちゃん」（Non and Pops）である。母・継父・継父の実子と住んでいたとき、彼らと頻繁に連絡をとっていた。名前の周りに「ふたりは私のベスト（You're my best Non and Pops）」、「毎週日曜に行ってもいい？（Can I come Sundays?）」と書いた。しかし、母親とジョーが別れたので、彼らと会うことは全くできなかった。情緒的な観点で、エリーは彼らがとても大切だったのである。

　左上にあるようにママ（Mom）も大切な人である。「ママを愛してる。」「お酒を飲むなら家に帰らないよ。」「私を叩くのが嫌。」とエリーは書いている。この叩くというのは、まさに虐待なのでこれについてアドボケイトは報告しなければならない。またアドボケイトは「エリーは母親が飲酒することを心配している」とは言わない。子どもが使った言葉をそのまま使うのである。

5　ウィルトシャー州における独立アドボケイトの特徴

　ホーランのインタビューを通して、アドボケイトがどのように活動するの

か具体的に明らかになった。そのことからアドボケイトの特徴は次の6点に整理できる。

　第1に、徹底した子ども主導のサービス提供が行われているということである。まずサービスは「オプトアウト」形式で提供される。サービス利用の適否を専門家が判断をするのではなく、本人及び家族がアドボケイトを利用するかどうか決定をする。本人及び家族が子どもの意見表明権を認識できること、最初から子ども主導でサービスが利用できること、専門家の恣意的な判断や権力から免れることができる点でオプトアウトの意義は大きい。

　「子どもアドボカシーサービス提供のための全国基準」の基準1は「アドボカシーは子どもの意見と願いによって導かれる」である（DoH=2009：171）。そして、「1.1 子どもは助けを求める時にだけ助けられる。子どもがアドボカシー関係をコントロールすることがとても重要だからである」と規定している（ibid：171）。「オプトアウト」方式は、この子ども主導を実質化しようとするものである。

　ただ、問題点は、家族が拒否すれば容易にアドボケイトの利用ができなくなるという点である。ウィルトシャー州では、家族は概ねアドボケイトの利用に肯定的だが、家族が拒否することがあれば子どもが望んでいても利用できない。

　また子ども主導と関連して重要なのが、全国基準1.2である。そこには「子どもがアドボカシーの過程を導く。アドボケイトは子どもの表現された許可と指示の下にのみ行動する。それが『子どもの最善の利益』についてのアドボケイトの意見とは異なる場合でさえそうするのである」と規定されている（ibid：171）。その具体的なあり方をホーラン（ibid）は次のように述べている。

　　もしある日「このことについては何も言いたくない」とエリーが言ったら、それは会議で話す内容から除外します。それを知ることが会議出席者全員にとって極めて有益であると私たちが考える場合でさえ、そうするのです。私たちは子どもに「あなたが言って欲しくないことは決し

て会議で何も言わないからね」と約束します。私たちはおとなの言葉を使いません。子どもの言葉を使うのです。私たちはどんな質問にも答えません。もし会議参加者の誰かが「父親についてどう思うか子どもは何か言っていましたか」と尋ねたら、「あなたに伝えていいかどうか子どもに聞いてみます」と私たちは答えます。尋ねられたことの答えを私たちが知っていても、子どもの同意なしにその情報を提供することはありません。

徹底して「子どもの表現された許可と指示の下にのみ行動する」ことにより、アドボケイトは子ども主導のサービスを現実のものにしているのである。

第2に、利害関係のない第三者として独立性のあるサービスを提供していることである。このことについて、ホーランは次のように述べている。

　　　知り合いに話すよりも他人に話す方が話しやすいことがあります。もしママに話したら怒らせてしまうかもしれません。もしパパとママに話したら、意見が合わなくて、口論が始まってしまうかもしれません。「他人のアドボケイトがいるということは、誰も怒らせなくていいということです」と子どもは言っています。……中略……子ども達は両親にとても忠実です。子ども達は夜寝られないことをママに言いたくありません。ママが怒るんじゃないかとひどく恐れているからです。

アドボケイトが親とも関係機関とも利害関係を持たない第三者であることによって、子どもが安心して自分の意見や願いを話すことができるのである。そのことによって全国基準6の「アドボカシーは子どものためだけに行われる」を実質化しようとしているということができる。

第3は、FGCのアドボケイトは、FGCの準備と会議内だけに子どもに関わるという点である。他の専門職と比較しても非常に短期間の関わりである。とりわけウィルトシャー州は会議に特化したアドボカシーを行っている。このことと関連し、短期間しか関わらない人だからこそ話せることがあると

ホーランは考えている。そして英語のことわざ「電車で見知らぬ人に話すこと」を引用した（ibid）。また「アドボケイトがいてくれること、そしてそのアドボケイトとは二度と会わないことはすごくいい」（ibid）という子どもの言葉を引用している。初めて出会う見知らぬ人であり、今後会うこともなく利害関係を持つこともない人だからこそ、率直なコミュニケーションができるということである。

第4に、子どもの言いたいことを分析しないことである。心理学者やソーシャルワーカーのように分析やアセスメントをしない。子どもが話したいことをそのまま伝えていくことが役割である。エリーの事例でも、英語が間違っていようがそのまま伝えている。

ホーラン（ibid）は、「黒のペンで子どもが書いたことを、心理学者はなぜ黒なのかと考えるかもしれないが、アドボケイトはそこを深読みしない」と話した。

第5の特徴は情報の独自の扱い方である。まず、アドボケイトは子どもと会う前にケースの概要や会議を行う理由を把握するものの、ケースファイルの類は読まない。子どもと会ってもケースファイルなどに記録を残さない。子どもと会議の準備中、子どもが不必要だと思う情報は子どもの目前でシュレッダーを使って削除する。そして、子どもに重大な侵害がある場合を除き、子どもの同意なしに他職種に子どもの情報を伝えない。このように、徹底した子ども主導の守秘義務を持っている。

このことについて、ホーラン（ibid）は次のように述べている。

　ソーシャルワーカーは、それが仕事なので、事務所に帰って子どもが話したことをすべて記録しなければなりません。もし子どもが「お父さんが叩く」と言ったなら、もちろん私たちは関係機関に通報しなければならないし、そのことを子どもに伝えます。でも「パパよりママの方が好き」とか、「本当のパパより今のパパの方が好き」といったあらゆることを子どもは私たちに話してくれます。私たちはどこにもそれを記録しないし、誰にも話しません。だから子どもはアドボケイトに沢山の秘

密を話すことができます。子どもの安全に関わることは秘密にはできませんが、子どもの気持ちや願い——たとえば「ママにお酒をやめて欲しい」というようなことは秘密にします。私たちはどこにもそれを記録しません。そのことが、子どもたちの多くがアドボケイトを利用する理由になっていると私は思います。

ただ完璧な守秘義務ではなく、虐待などの「重大な侵害」があるならば守秘義務は破られる。行政から委託を受け、子どもを対象としているアドボカシーの場合には、これが限界なのかもしれない。この部分を除けば他の専門職と全く異なる特徴を持っている。

第6に「子ども自身の問題」を引き出している点である。会議は「専門家が考える問題」を解決するために開催される。専門家が設定した問題を子どもはどう思っているのかということを引き出すために、アドボケイトは配置される。しかしホーラン（ibid）は「かなりの頻度で、親や教員が心配していることではない他の問題を子どもが持ってくる」という。アドボケイトの支援により、親や専門家の問題だけではなく子ども自身が考える問題にも焦点が当てられる会議になる可能性を秘めているのである。

エリーの事例では、FGCの議題は母子が今後どこで暮らすかである。母親に対し「もしママがお酒を飲むなら私は家に帰らない」と「私を叩くのは好きじゃない」と議題に即した気持ちや意見をエリーは示した。その一方で、エリーは給食の話や継父たちへの思い、犬の心配もしている。これは子ども自身が考える「問題」である。独立アドボケイトの支援は、「子どもの問題」も考慮に入れる会議にするために極めて重要な意義があると言える。

第6章

ファミリーグループ・カンファレンスにおける独立アドボケイトの意義と課題

はじめに

前章ではファミリーグループ・カンファレンス（以下、FGC）を中心に独立アドボケイトの実際について述べてきた。本章では、FGCにおける子どもの参加とそれを支える独立アドボケイトの役割、意義、課題について、先行研究と関係資料を参考に考察する。とりわけ家族がアドボケイトを行う場合と独立アドボケイトの支援を比較することで、独立アドボケイトの意義及び課題を明らかにする。

1　様々なケース会議と子ども参加

イギリスでは、子どもの援助方針を話し合うケース会議に子ども本人が出席または関与することがある。「出席」とは会議に直接同席することを言い、「関与」とは会議開催の事実を知るが出席を希望せずに何らかの手段（手紙や絵等）で会議に関わる場合を指す。出席と関与を併せて、ここでは「参加」と言う。

なぜ会議への子どもの参加が重要なのだろうか。それは子どもの意見表明権と深く関わっている。子どもの権利条約12条は単に聞かれるだけではなく、子どもの意見が考慮される必要性についても言及している。直接的に意思決定過程に参加することは、子どもの意見がより考慮される可能性を持つ。ただし、子どもが影響力をもつためには、おとな中心の会議の在り方を見直す必要がある。そうでなければ、子どもの参加は名ばかりになり、かえって

子どもを抑圧することになるかもしれない。イギリスはこのことを考慮した結果、会議のコーディネーターが子どもの参加に気を配ること、そして子どもの参加を支える独立アドボケイトの配置を進めてきた。

　ケース内容や子どもの年齢・発達によるが、イギリスで子どもが出席できる会議は6つあると言われている（WAGら 2009a：56-7）。第4章で説明した「子ども保護会議」や育成を受けている子どもの「再検討会議」、子ども保護会議をどのように行うかを検討する「コアグループ会議」（Core Group meeting）、おとなになってからも継続して支援が必要な子ども（障害児、精神疾患のある子ども等）がおとなのサービスに移るための「移行検討会議」（Transition Review）、リービングケアの子どもを今後どのように支えていくかを話し合う「リービングケア計画会議」（The Pathway Plan）がある。加えて、今回ここで詳しく取り上げるFGCもその1つである（FGCの詳細は第5章1参照）。

表6－1 子どもが出席できる会議

対象	虐待を受けている子どもなど（第5章1を参照のこと）	育成を受けている子ども	子ども保護プロセス	障害児、精神疾患のある子ども等	リービングケアの子ども
会議	FGC	再検討会議	・子ども保護会議 ・コアグループ会議	移行検討会議	リービングケア計画会議

（出所）WAGら 2009a：56-7を基に作成

2　FGCへの子ども参加

　FGCの国際的な調査（17カ国）では、表6－2ように全体の65％の事業者で子どもの出席率は半分以上である（Nixonら 2005：35）。

　一般的に12歳以上の子どもは積極的に出席が促されるが、それ以下の子どもは年齢・能力の観点から排除される傾向がある（ibid：35-7）。近年のイ

表6-2 FGCへの子どもの出席頻度（17カ国）

どのくらいの頻度で子どもたちはFGCに出席しますか	
75％以上	90
50％〜74％	34
25％〜49％	35
25％未満	32
回答なし	34

（全回答数：225）
（出所）Nixon ら 2005：35

表6-3 イギリスの子どもの出席率

	FGC（％）	再検討会議（％）	計画会議（％）（planning meetings）	子ども保護会議（％）
5歳未満	45	9	10	⎫ 11（会議の全体または部分的に出席）⎬
5歳から10歳	39	30	11	
11歳から15歳	90	80	46	
16歳から18歳	66	55	75	⎭

（出所）Marsh ら 1998：103

ギリス全土の子どもの出席率を示した調査はないが、イギリスのマーシュ（Marsh ら 1998）のFGC（80ケース）調査で11歳以上の子どもの参加が比較的多い（ibid：103）（表6-3参照）。

イギリスでは独立アドボケイトの利用で、より年少の子どもたちも参加するようになってきているという（Horan ら 2003;Laws ら 2010）。

子ども参加が活発である一方で、国際的には子どもの参加を巡って様々な懸念がある。虐待を行ったおとなと同席する可能性（Shaw ら 1999）、家族の口論を目撃する可能性（Robertson 1996）、おとな主導の会議になる可能性（Dalrymple 2002）が懸念されている。

イギリスの子どもたちもFGC開催前には上記のような不安を抱えている（Laws ら 2007）。しかしながら、いくつかの調査結果によれば、多くの子どもはFGCに出席することを選び、参加できたことに満足している（Marsh

ら1998；Horanら2003；Hollandら2005；Hollandら2006；Bellら2006；Lawsら2007,2008,2010)。例えば、FGCに参加した25名の子どもの追跡調査によれば、25名中22名がFGCのプロセスに参加できたこと、そして聞いてもらえたことに満足している（Hollandら2006）。DVのケースにおいても、「私がミーティングに行かなかったら悪い結果になったと思う。なぜなら、私たちが望んでいることが反映されなかっただろうから。(11歳)」(ibid 2006：100-1)と語っている。その一方で、「話すのが難しいと感じた」、「主役だと言われて来たのに親に怒鳴られた」という子どもの否定的回答もある（ibid 2006：99-100)。この研究（ibid 2006）の興味深い点は、子どもとおとなではFGCで何を重視するかという優先順位が異なっていたということだ。家族、ソーシャルワーカー、コーディネーターはこれからの実践をどうするかを決めることが重要と明白に述べた。しかし、子どもは家族に会えること、発言できること、そしてこれからの実践の順で優先されるという（ibid：104)。このことから、ホーランドらは子どもにとってプロセスというのは結果と同じくらい重要であると述べている（ibid：106)。それゆえに結果はともあれ、FGCのプロセスに参加できることは子どもの満足度につながるのである。

3　FGCにおける独立アドボケイトの役割

(1) 独立アドボケイトの背景

　FGCにおけるアドボケイトとは何か。地方自治体からのFGCの主要委託先であるチャリティー団体のバーナード、ファミリーライツグループ、全国子どもホーム（現在のアクションフォーチルドレン）が共同で作成した「FGC：原則と実践のガイド」（Family group conferences：principles and practice guidance）には次のように書かれている。まず、原則3で「家族メンバーはファミリーグループ・カンファレンスのプロセスで、意思決定者として認められる権利がある」と示している。つまり、家族メンバーである子どもは意思決定者の一人として認められる権利がある。この原則を実行するために、以下のように支援を受けることができるとされている。

第6章　ファミリーグループ・カンファレンスにおける独立アドボケイトの意義と課題

　子どもと支援が必要な他の家族メンバーに、会議のすべてのプロセスに参加するために、第三者の支援を受けられることが伝えられる。この人はアドボケイトまたはサポーターと呼ばれ、家族ネットワーク内の人かもしれないし、家族外の人かもしれない。アドボケイトまたはサポーターは、家族について決定を下すことができる人以外の人が担う（Barnardo's,FRG and NCH 2002：8）。

　1990年代後半の研究（Marshら1998）では、家族内のサポーターか学校の友達のみがアドボケイトだった。コーディネーターもアドボケイトの役割をする場合があったが、近年ではコーディネーターをより中立的な位置にするために、子どもの希望に応じてコーディネーター以外の独立したアドボケイトを配置することが一般的である（Lawsら2008：81）。近年の調査では子どもにアドボケイトを配置しているFGCの事業者は65％で、33％の事業者で家族サポーターのみである（Ashleyら2006：95）。

　とはいえ、子どもの参加を促進するためにコーディネーターや家族の配慮は今なお必要とされている。例えばギルら（Gillら2003）は、FGCの事前準備と子どもをアドボケイトにつなげるためにコーディネーターの役割が特に有益であると述べている。また、トーマスら（Thomas 2004;FRG 2004b-e）はアドボケイトだけではなく、全員が子どもの参加を保障するために何をすべきかを示している。

　独立アドボケイトは1998年にウィルトシャー州のFGCで活用されるようになった（Horanら2003,Voscur 2010）。これまで述べてきたような子どもの参加に関する懸念を払拭するために始まったのである。FGCで独立アドボケイトを利用している国は他に例をみず、世界的に珍しいとされている（Lawsら2008：83,Nixonら2005）。その理由をホーランドら（Hollandら2006：93）は次のように分析する。

　FGCにおける英国の実践は、「家族」を単一のものと見る、つまり家

族を一つの体系と見る見方から、家族内の不平等、特におとなと子どもの不平等を認識する方向へとシフトしてきたのであろう。したがって、アドボケイトなどの手段を使って子どもが参加できる空間を提供することの重要性がますます強調されてきたのである。

このように家族内の不平等を意識して、アドボケイトの支援が強調されるという特徴をイギリスはもっている。

また、独立アドボケイトは主として地方自治体と「アドボカシーサービス」の契約を結んだ民間団体から派遣される。または地方自治体内に設置された子ども権利サービスや、直接地方自治体のFGC事業が雇っている場合もある（Fordyce,interview）。

（2）実際の役割

イギリスでFGCを行う際のマニュアル（Ashleyら2006：95）には次のように書かれている。

表6－4　アドボケイトの役割

アドボケイトまたはサポーターは次の役割を果たします。
①FGCとは何か、どのように行われるのか、FGCに関して何が疑問なのかを若者が理解できるようにする。
②FGCへの子どもの出席方法を話し合う──FGCに出席したいかどうか、どの程度出席したいか、出席する可能性がある人の中で何か問題のある人がいるかどうか。
③どのように、いつ、どこで子どもはFGCに自分のことを言いたいのか。（いろいろな情報を知った後なのか、プライベートファミリータイムの時なのか、子ども自身で自分の意見を言うのか、子どもがいる中でアドボケイトが代弁するのか、または子どもは出席しないでアドボケイトが代弁するのか。）
④親責任を考慮しつつ、子どもの意見を保障する。

⑤FGCのプロセスを通して子どもを支援し、子どもの声が聴かれることを保障する。
⑥FGCに子どもが出席するなら、子どもが必要と感じた時に、FGCの最中にプライベートで話すためのサインはどのようにするかを話し合う。
⑦誰が計画を検証するかについて子どもと合意し、確実に行われるようにする。
⑧守秘を約束し、FGCの再検討があるまで子どもにさよならをいう。

（出所）Ashleyら2006：95、番号は訳者が付加

以上のことを、独立アドボケイトと家族サポーターは行うよう求められている。しかし、文献によって相違もある。そのため、以下にこの表への補足や相違も挙げておきたい。

独立アドボケイトはこの表6－4①②③のFGCの準備段階で専門性を発揮する。ホーランら（2003）は、「アドボカシー関係を意味ある効果的なものにしようとするならば、（FGCの前に）2、3回出会うのが適切だと若者とアドボケイトは思うだろう。」（Horanら2003：4）と述べ準備段階の重要性を強調している。準備段階では、子どもが話したことや絵で表現した気持ちを、アドボケイトが会議に出していくにはどうしたらいいかを子どもと話し合う（Lawsら2008：92）。どのような情報が家族と共有されるのかについて子どもと合意をつくるのである（Dalrymple 2005：6）。前章でホーランが提示したエリーの事例では「スターチャート」を使って、FGCで何を言いたいかをまとめている。こういった作業は独立アドボケイトの特徴である。

③に関して補足すれば、基本的には子ども主導で行われるので、実際は子どもの利益のために発言することから、子ども自身で話せるようにサポートすることまで多様なものである（Dalrymple 2005：5-6）。

ただ、家族だけで計画を練るFGCのプライベート・タイムにアドボケイトが出席できるかどうかは事業者によって様々である。家族主導の会議であるため、他者であるアドボケイトが出席することはFGCの原則に反することである。このため、出席には議論がある。よって、この時間に参加したア

ドボケイトがいる一方で、この時間に参加する子どものために事前準備を手伝い、家族の時間には参加しないアドボケイトもいる（Dalrymple 2005：6）。このプライベート・タイムへの参加方法を子どもと十分に話し合う必要がある。

　④の「親責任を配慮しつつ」というのは、議論があるところだろう。親責任（parental responsibility）とはつまり「保護者」に配慮しつつという意味になるだろう。独立アドボケイトの指針となっている「子どもアドボカシーサービス提供のための全国基準」では「基準6：アドボカシーは子どものためだけに行われる。」と書かれている（DoH = 2009：179）。保護者への配慮が大きくなれば、この基準と矛盾する可能性がある。

　なお、FGC の後に、子どもが FGC によって作られた計画を理解しているか確認するためフォローアップを行うとローズら（Laws ら 2007）は述べている。

4　FGC における独立アドボケイトの意義と課題

（1）独立アドボケイトを利用した子どもの声

　アドボケイトがどのような効果があるのかについていくつかの論文がある。まず、ウィルトシャー州の FGC に参加した子ども 79 人中 51 人が独立アドボケイトの利用を希望したことにより、「家族から独立した支援者を持つことは有利だ」と見ているとホーランらは分析する（Horan ら 2003：3）。（表6－5参照）。

表6－5　「FGC に参加した直近 79 人の子どもの調査」

4歳と4歳以下—アドボケイトがつかない　　11人
子どもがアドボケイトの利用を拒否した　　6人
子どもが自分の家族か専門家ネットワークからアドボケイトを選んだ

11人	
子どもが独立アドボケイトを利用することを選んだ	51人

(出所) Horan ら 2003 : 3

　ホーランとダリンプル（Holan ら 2003）はさらに、独立アドボケイトを選んだ子ども 10 人の個別インタビューと子ども 4 人のグループインタビューを行っているが、いずれも肯定的な感想を述べている。例えば、「腹が立ってアドボケイトに何かを言って欲しい時には、私たちは特別なサインを持っていた。望んだときには会議の外に出ることもできた。それで私が何を望んでいるのか、私がその計画についてどうしたいかを話した。」「アドボケイトは良かった。僕の秘密を言える人だった（7歳）。」「アドボケイトは言いたかった事全てを頭の中から出してくれた。それで今は気分が良くなり、私を悩ませるものはなくなった（14歳）」と述べている。

(2) 家族サポーターと独立アドボケイトの比較

　ローズら（Laws ら 2007）は独立アドボケイトと家族サポーターの比較の調査を行っている。FGC を利用した 10 組の家族（総勢 83 名）、その家族に関わった独立アドボケイトや家族サポーター、コーディネーターなどから 66 名が質問紙とインタビュー調査に協力している。家族がアドボケイトになる場合と比較することで、独立アドボケイトの利益と不利益が見えやすくなっているため以下に引用する。以下の表 6 - 6 は調査の結果を表している。

(3) 家族サポーターの利益と不利益

　まず、この表 6 - 6 をもとにしてローズら（Ibid）が論じている家族サポーターの利益・不利益を整理すると以下のようになる。
　まず、利益について述べる。第 1 に、家族サポーターは、家族内に子どもを支援するスキルを持つ者がいる場合、子どもに役立つサポートをすることができた。第 2 に、家族サポーターは、子どもとの関係構築を事前に行う必

表6−6 家族サポーターと独立アドボケイトの利益・不利益

	家族サポーター	独立アドボケイト
利益	・子どもと親しい、信頼がある・家族背景の知識がある・家族メンバーまたは友人に責務を与える	・家族の争いや対立の中で、より独立しているとみられる・FGCの準備をし、子どもの意見を引き出す・子どもとFGCのフォローアップをする・一貫性のある専門的支援を子どもに提供する
不利益	・この役割のスキルまたは何を実際するのかということに一貫性がない・子どもは家族サポーターの気持ちを傷つけることを恐れているかもしれない・他の家族メンバーから独立性がないようにみられる・自分自身の意見も言いたいと思っている。また他のおとなの意見も代弁したいと思うかもしれない・(FGCの)計画において鍵を握る人物になるかもしれない	・アセスメントする人とみられる危険性・一時的だが強烈な信頼関係を形成し、大きな喪失体験を伴うかもしれない・家族責務のFGC原則を混乱させる可能性・家族が自由に話せないかもしれない

（出所）Lawsら 2007：67

要がなく、家族のみで話し合う時間（プライベート・タイム）にも違和感なく存在できるというメリットがある。

　第3に、家族サポーターを利用することは、子どもの福祉のために拡大家族が責任をもって養育計画を作り上げていくというFGCの原則に合致している。

　他方、家族サポーターの不利益については以下の5点にまとめられる。

　第1に、この役割のスキルまたは何を実際するのかということに一貫性がないということである。家族は独立アドボケイトと比べて、支援の質という面で一貫性を期待できなかった。このことから、もし家族サポーターが支援のスキルもなく、進んで支援しようとしなかったら、子どもにとってさらに恵まれない環境になるだろうと推測されている。支援の質という面では、FGCのプロセスの中でも子どものケアを行ったことは独立アドボケイトの重要な貢献であった。しかし家族サポーターはFGC中での子どもの目下のニーズを優先することができなかった。

第2に子どもは家族サポーターの気持ちを傷つけてしまうことを恐れている可能性がある。ある家族サポーターが「お父さんはあなたに会いたいと言っていた」と子どもに話した。しかしそのサポーターが外に出るとすぐに、子どもは「お父さんには会いたくない」と語った。そこでサポーターは「その子は敏感であり私を怒らせたくなかったのだ」と振り返っている。

　第3に、他の家族メンバーから独立性がないようにみられる点である。これは多くの独立アドボケイトを選んだ家族が話したことである。特に家族内に争いや対立がある場合、家族サポーターが子どもの声を代弁しても、その家族サポーターに有利なバイアスがかかっていると思われ信頼されないかもしれないというものである。

　第4に、家族サポーターは自分自身及び他のおとなの意見もできる限り代弁したいと思っている点である。家族サポーターで自分の意見（または他のおとなの意見）を前面に出す者がいた。たとえばある事例では、父親が性的虐待をしたと疑われていた。子どもはその父親の姉（または妹 sister）を家族サポーターとして選んだ。姉は弟のことも子どものこともどちらも代弁したいと思い、「忠誠心が引き裂かれた」という。このような家族ゆえの緊張状態が生じる可能性がある。

　第5に、FGCで家族が作成する計画において鍵を握る人物になるかもしれないという点である。家族サポーターであっても、子どもの意見に同意せず、全く子どもの意見が反映しなかった例があったとのことだった。

　このように、家族特有の親密性と素人性が利益にも不利益にもなるようだ。

（4）独立アドボケイトの利益と不利益

　まず、独立アドボケイトの利益について、ローズら（Ibid）が述べていることを、表に基づいて整理すると以下の3点である。

　第1に、独立アドボケイトによる技術的な準備とフォローアップは、子どもと家族に明確な利益があったという。つまり、FGCの準備で子ども自身が思いを書いたもの（絵や表など）はミーティングに影響を与える重要な要因だった。

第2に、事前の準備を経てきているので、独立アドボケイトは時々子どものために発言することができた。そのことによって、子どもにとって「長時間でつまらないミーティング」に、長時間座っていなくても代弁されることができただろう。

　第3に、家族内の争いや対立がある時、独立アドボケイトの方がより中立に見える点は立場上好ましいものである。

　一方、独立アドボケイトの課題についてローズら（Ibid）は以下の4点にまとめている。

　第1に、アセスメントをする人と見られる危険性がある。独立アドボケイトは一般的には子どもの指示に従い、許可を得て活動を進める。しかし、子ども本人・家族が独立アドボケイトの役割を理解していない場合、アセスメントとアドバイスをする役割と誤解している場合がある。特に6歳以下の子どもの場合には、独立アドボケイト自身もニーズをアセスメントする場合がある。例えば絵や写真をみながら子どもに語りかけても、どう判断していいのか分からないケースである。独立アドボケイトへの誤解と共に、年少の子どものアドボカシーをどのように行っていくのかという課題がある。

　第2は、一時的だが強烈な信頼関係を形成し、大きな喪失体験を伴うかもしれないということである。FGCで独立アドボケイトと良い関係を構築できたとしても、FGCの後には関係が終わる決まりになっており、子どもの中に混乱をつくってしまう可能性がある。そのため、独立アドボケイトがFGC後も継続してサポートしているケースがいくつかあった。しかしその子どもを取り巻く日常の支援者たち（ソーシャルワーカー等）から良く思われないこと、FGCのサービス水準を他でも使えるとは思えないとして、ローズら（Ibid）は批判している。

　第3に、家族責務（family responsibility）に基づいて進められるというFGCの原則を混乱させる可能性がある。FGCは専門家主導ではなく家族主導を目指している。特に家族だけで話し合う時間に、家族ではない独立アドボケイトがいるとなれば、FGCの原則を乱してしまう可能性がある。しかし、その家族の時間内で子どもの参加をどう保障するのかという課題も一方であ

第6章 ファミリーグループ・カンファレンスにおける独立アドボケイトの意義と課題

るのだ（Laws ら 2008：93,Dalrymple 2007：128-9）。

　第4は、家族が自由に話せないかもしれないということである。これは第3の課題と関連しており、家族以外の専門家が存在するということが話しにくい環境をつくっている可能性があるという。

　このように、独立アドボケイトも独立性と専門性が利益にも不利益にもなってしまう可能性がある。しかし課題はあるものの「総合的に言えば、この研究で独立アドボケイトを利用する子どもの利益は明確に証明された」と結論付けられている（Ibid：67）。FGCの原則である家族主導を優先するならば、独立アドボケイトは邪魔者になる可能性がある。しかし、子どもの利益を重視した場合には、子どもの声を反映させ、フォローアップを行う独立アドボケイトは利益があるのである。

　子どもも家族の一員である。家族も子どもも意思決定に参加するには、やはり子どもへの何らかの支援が必要である。家族主導ゆえに子どもの声が他の家族の声にすり替わってしまえば、子ども不在の家族主導である。脱専門家を目指した真の家族主導は、子どもも家族の一員として声が聴かれ計画に反映されることだろう。この観点から、独立アドボケイトは意義があると言えるのではないだろうか。

第7章

ウェールズの苦情解決制度における子どもアドボカシー

はじめに

　福祉サービスを受けている子どもが、サービスについて苦情を申し立てることは勇気の要ることである。イギリスには苦情を申し立てるシステムと申し立てを子どもの側から支援するアドボカシーサービスがある。とりわけ、ウェールズでは2000年の施設内虐待の調査勧告により、苦情解決制度の改善とアドボカシーサービスの普及に力を入れてきた。
　本章では、ウェールズにおける苦情の定義、苦情解決制度の歴史、しくみ、子ども参加、アドボケイトの役割、評価、今後の取り組みについて明らかにする。

1　苦情の定義・対象

　本書ではイギリスでよく使われる「Complaints Procedure」を、「苦情解決制度」という言葉で表現する。しかし苦情解決制度を規定した1989年児童法は、苦情のみを申し立ての対象とはしていない。「意見表明」（representations）が申し立ての対象であり、その中で「苦情」（complaint）も申し立てることができるという条文である（1989年児童法26条3項）。従って厳密に言えば、苦情と聞いて思い浮かべるような「自分が他から害を受けている状態に対する不平・不満の気持。またそれを表した言葉」（新村ら2008：794）だけが法律上の手続きの対象になるわけではない。では、「意見表明」とは何をさすのであろうか。ウェールズの手続きに明記されていないが、同じ法

律をもつイングランドの苦情解決制度の手引きには次のように記載されている。

> 意見表明は、いつも苦情であるとは限らない。地方自治体からの回答を要する前向きな意見や考えかもしれない。サービスが利用できるかどうか、その提供方法、あるいは性質についての批判ではない質問や意見が、意見表明を構成するかもしれない。たとえば、受けているサービスや住んでいる場所に関する意見や提案を、苦情解決制度という形でなく、子どもたちが表明できるようにすべきなのである（DfES 2006：54）。

このように幅広く意見表明を定義し、「苦情」として型にはまることなしに子どもの声を考慮に入れる必要性が示されている。ただ、このような「前向き」な意見の多くは、以下に示すような苦情解決制度を経ずにサービスを調整することになるだろう。ウェールズでは、現実的に申し立てが必要になるのは「苦情」だとしている（WGA 2005：35）。では、ウェールズでは苦情とは何を指すのだろうか。

> この手引きにおいては、苦情を厳密に定義しすぎないことが目標となっている。もし厳密にしすぎたら、サービスを利用する人々の本当の懸念を排除するかもしれない。大まかには、人が苦情と言っているときそれは苦情なのである（ibid：35）。

以上のように苦情を定義することの危険性を示した上で、以下のように手引きとして一応の定義も設けている。

> 手引きとして、地方自治体は以下を苦情とみなすべきである。「個々の子どもまたはおとなに起こったことについて不満または不安の書面または口頭での表明で、対応を求めているもの」（ibid：35）。

このように、行政側がこれは苦情か否かを判断せずに、福祉サービスを利用する子どもやおとなが不満または不安であることを表明し対応を求めれば苦情ということになる。ちなみに、法律上（1989年児童法26条3項及び24条D項）苦情解決制度を利用できるのは、育成を受けている子ども、ニーズのある子ども、リービングケアの子ども、それらの子どもの親、子どもの親責任をもつ者、すべての地方自治体の里親、または地方自治体が子どもの福祉において重大な利益があるとみなす者である。

2　苦情解決制度の歴史

イギリスが福祉サービスの苦情解決制度を制定した背景には、1960年代末からの住民運動の高まりや消費者運動の影響があるとされている（橋本1993）。直接的に影響を与えたのは、1973年マリア・コルウェル虐待死事件（詳細は第1章1参照）であったという（ibid：321）。

そして1989年児童法の制定の際、初めて公式な苦情解決制度の権利が保障された（WAGら2009a：15）。1989年児童法の設計に関わったアッテング（Utting,W.）は、法に基づく苦情解決制度は育成を受けている子どもの保護システムに不可欠であると考えた（Ballら2004）。この制定によって、「1991年意見表明（子ども）規則」[*1] が制定される。各地方自治体はこの規則に沿った手続きを制定し、1991年より実際に苦情解決制度を開始した。

その後1997年に労働党へと政権が交代し、リービングケアの子どもたちへの支援が注目された。彼らの支援を定めた2000年児童（リービングケア）法（Children (Leaving Care) Act 2000）により、苦情解決制度の対象がリービングケアの子どもたちにも広がった（改正1989年児童法24条D項）。

しかしながら、90年代以降に苦情解決制度が子どもにとって利用困難なものであることを示す調査報告書が相次ぐことになる。それを象徴するのが、2000年に報告されたウォーターハウス卿による調査『ロスト・イン・ケア』（Waterhouse 2000）である。この報告は、北ウェールズにグウィネズ州

＊1　Representations Procedure（Children）Regulations 1991

(Gwynedd) とクリーイド州 (Clwyd) という行政区域が存在した1974年から1996年の期間に起きた施設内虐待を中心とした調査だった。調査対象は施設だけで40箇所、里親宅も含み報告書は計4万3000ページに渡った。

施設内で長い間続いていた性的虐待を含む激しい虐待が内部告発によって明らかになったことが契機となりこの調査が始まった。報告書は悪名高い施設を「沈黙のカルト」("cult of silence") と呼んだ。施設のこのような沈黙を強いる風土により、ほとんどの子どもは苦情を申し立てることができなかった。苦情を申し立てるシステムが整っていないことを報告書は厳しく指摘した。

この調査の勧告によって、ウェールズに子どもコミッショナーが英国で初めて設置されることとなる。子どもコミッショナーの果たす義務の中に、子どもの苦情解決制度、地方自治体のソーシャルサービスの内部告発手続き及び子どもアドボカシーの手配についてモニタリングすることが含まれている（Waterhouse 2000：CCfW 2003：7）。

このことから、ウェールズの子どもコミッショナーはモニタリングのため、2003年には『懸念を話すこと』[*2]（CCfW 2003）というソーシャルサービス分野の苦情解決制度について、2005年には『子どもは苦情申し立てをしない──親がする！』[*3]（CCfW 2005）という教育分野への苦情解決制度についての調査報告及び勧告を行っている。他にも多くの調査を行い、調査を踏まえて政策を展開している。2002年以降には、第1章で示したようにアドボカシーサービスが法律で明記されるようになり、規則や手引きが発行された。

これらの改正に伴い、苦情解決制度の規則「2005年意見表明手続き（子ども）（ウェールズ）規則」[*4]への変更、そして手引きの変更が行われた。ウェールズは子どもとおとな分野を統合した『聴くことと学ぶこと──ウェールズ地方自治体ソーシャルサービスにおける苦情と意見表明の取り扱いの手

---

*2　Telling Concerns：Report of the Children's Commissioner for Wales Review of the Operation of Complaints and Representations and Whistleblowing Procedures and Arrangements for the provision of Children's Advocacy Services

*3　"Children don't make complaints – parents do!"

*4　The Representations Procedure (Children) (Wales) Regulations

引き』*5 を発行し 2006 年 4 月から改めて実施されている。

3 苦情解決制度の仕組み

図7－1 新ソーシャルサービス苦情解決制度

ステージ1 ── 地域解決（Local Resolution）
地域のサービス提供者の処遇に対して苦情を申し立てる。地方自治体は稼働日の10日以内に問題解決のための初期対応をしなければならない。

↓

解決されない、または申立者が公式検討を求めたら

↓

ステージ2 ── 公式検討（Formal Consideration）
申立者は苦情の公式検討を地方自治体に求める権利がある。これは通常調査であるが、例えば調停のような他の形態をとることもできる。調査結果、結論、勧告を含む報告書が必ず作成される。このステージに移行することを求めてから25稼働日以内に、地方自治体は申立者に回答しなければならない。

↓

解決されなかったら

↓

ステージ3 ── 独立審査委員会（Independent Panel）
申立者は審査委員会の聴聞により、未解決の苦情を検討してもらう権利がある。審査委員会のメンバーと管理運営は地方自治体から独立している。審査委員会は20稼働日以内に会議を開き、5稼働日以内に報告書を作成しなければならない。地方自治体は15稼働日以内にそれに対して回答しなければならない。

＊5 Listening and Learning—A guide to handling complaints and representations in local authority social services in Wales

↓

解決されなかったら

↓

申立者は、地方自治体や独立審査委員会の行動や決定について、ウェールズ公的サービスオンブズマン（Public Service Ombudsman for Wales）に苦情を申し立てることができる。地方自治体の手続き段階が終了する前に、オンブズマンが苦情を取り扱う可能性もある。

（出所）WAG 2005：16

　この手順を基に、地方自治体ごとに申し立て方法が定められている。基本的にはイングランドも同様の流れである。この手順と調査期限などの管理と報告の責任を負っているのが、苦情担当官（Complain Managers、またはComplain Officers）である。主に行政職員だが、福祉サービスの提供に関与していない。苦情に特化した職員である。苦情担当官の他に多くの職種が手続きに関与している。職種については表7－1にまとめた。

　以下では、『聴くことと学ぶこと――ウェールズ地方自治体ソーシャルサービスにおける苦情と意見表明の取り扱いの手引き』（WAG 2005）を基に、図7－1に沿って申し立て方法を説明する。

　まずステージ1は地域解決と呼ばれ、非公式な手続きである。苦情担当官が苦情を受け付け、子どもなど申立者に今後の手続きの流れについて説明する。苦情担当官は子どもに分かりやすく説明することが重要である。その中で、アドボカシーサービスについても説明がなされ、必要な子どもはアドボカシーサービスを利用することができる。

　苦情担当官など苦情解決の関係者は子どもへの配慮を独立アドボケイトに依存すべきではないとされている。

　苦情への対応は、サービス提供者の立場で適切な者が申立者と解決方法を話し合う。最後に地方自治体が申立者と同意した解決法を確認し、書面にする。

　ステージ1で解決しなければ、ステージ2の公式検討に進む。行政職員ま

たは外部委託された調査担当官（Investigation Officer）によって調査が行われる。行政職員の場合は、地方自治体の福祉サービス提供のマネージメントを兼ねてはならないとされている。さらに独立パーソン（Independent person）という、行政と苦情申立者から独立した立場の者も関わる。独立パーソンは調査方法について調査担当官及び苦情担当官と相談し、調査が公平に行われるよう助言する。独立パーソンは子どものアドボケイトではない。

調査を終え、調査担当官が最終報告書を独立パーソンへ提出する。独立パーソンはその報告書を読み、公平性を確認し、その報告書に意見を書く。その報告書を基に、子どもサービス全般の責任者が行政としての今後の対応について書面で示す。報告書には苦情に対する解決の手順、実施期限を盛り込み苦情申立者に提出する。

表7－1　苦情解決制度に関与する職種

名称	ステージ	仕事内容	所属
苦情担当官	すべて	手続きの手順と報告期限などの管理と報告の責任を負う	・行政・福祉サービス提供をしない者・中立の立場
アドボカシーサービス	すべて	子どもの苦情申し立て支援、または代弁を行う	・主にチャリティー団体・子ども側に立つ
調査担当官	2	公式検討の調査を担当	・行政職員／外部団体に委託・行政職員の場合―地方自治体の福祉サービス提供のマネージメントを兼ねてはならない・中立の立場
独立パーソン	2	調査方法について調査担当官及び苦情担当官と相談。調査が公平に行われるよう助言。調査報告書を読み、公平性を確認し、その報告書に意見を書く	・行政と苦情申立者から独立した立場の者・中立の立場
独立審査委員会	3	申立者などへの聴き取りなど調査を行い、報告書を作成	・行政から独立した立場の3名で構成された審査委員会・中立の立場
ウェールズ公的サービスオンブズマン	最終	行政などの公的団体に対して市民の苦情を調査	・女王によって任命された者・中立の立場

ステージ２で解決されなかった場合は、ステージ３の独立審査委員会に進む。行政から独立した立場の３名で構成された審査委員会が調査する。調査結果と勧告を申立者及び関係行政担当課に提出する。聴聞に申立者が参加することができる。ここで、本人が望めばアドボケイトは申立者の代理で聴聞に応じる。

　ステージ３で解決されなければ、ウェールズ公的サービスオンブズマンへの相談または裁判に進むことになる。このオンブズマンとは行政などの公的団体に対して市民の苦情を調査する女王によって任命された者である。

4　苦情解決制度とアドボケイトの利用

　育成を受けている子どもには、国の最低基準により、苦情解決制度の方法とアドボカシーサービスへの利用方法について伝えることになっている（WAG2002,2003a）。子どもコミッショナーの調査では、ウェールズのほとんどの地方自治体は、育成を受けている子どもの再検討会議において、子どもが苦情解決制度を理解しているかどうかを確認している（CCfW 2003：13）。

　ピットハウスら・クローリーら（Pithouseら2005, 2008；Crowleyら2008）は、ウェールズの全地方自治体22箇所に、2003年から2004年の１年の間に寄せられた子どもサービスへの苦情の統計を収集し分析した。2004年時点でウェールズには育成を受けている子どもが4315名、ニーズのある子どもが10000名以上いたと想定されている（Crowley ら2008：153）。この中で苦情を申し立てたのは総数611件であり、子ども主導で行われた苦情は201件である。子ども主導の苦情解決制度の場合、アドボケイトの利用はステージ１で12％、多くはアドボケイトの利用をせずに子どもだけで行っていた。そのことから、ピットハウスとクローリーはアドボカシーサービスへのアクセスの問題点やアドボカシー提供団体の課題について述べている（アドボカシー提供の課題は第９章を参照のこと）。苦情解決制度におけるアドボカシーの規則やガイドラインが施行されたのが2004年なので、まだアドボカシーの浸透に時間が必要なのではないかとも考えられる。

ここで考えさせられることは、子ども主導の苦情はステージ1の非公式な調査で終了することが多いということである。このウェールズの調査で、ステージ2に申請したのは57件であり、親族主導が40件（Pithouseら2008：136）であったという。つまり、ステージ2に進む子ども主導のケースは極めて少ないのである。

　ウェールズのアドボケイト養成テキストでは「ほとんどの苦情はステージ1で終わる。ステージ1で満足する者も多い。しかしステージ1の終わりに、子どもはただ脅されているように感じているかもしれない。勝つことのない無意味な争いをしていると感じるからだ。そのため、子どもはさらなる苦情を申し立てない。」と指摘している（WAGら2009a：52）。ステージ1の対応の悪さに、次のステージを諦める子どももいることを示唆しているのである。

　ピットハウスら（Pithouseら2008）は、地方自治体に苦情を申し立てた経験のある子ども25人へのインタビューを行った。その結果、「リーフレットやポスターに苦情申し立てについて書いてあったが子どもには詳しく分からなかったこと、地方自治体は苦情解決の記入書類を子どもに渡さなかったこと、そして苦情に対する回答が規定日よりも遅れた子どもが半数以上いること」がわかった。

　このような行政側の様々な問題があるため、子どもはおとなの支援を求めているという。基本的に子どもは、日常的にはまわりにいるおとなに支援してほしいという思いがある。ただ、公的な申し立てや、施設の職員等と利害関係がある場合、アドボカシーサービスが子どもたちから求められている（Crowleyら2008：155）。実際、ステージ2というより公的な申し立ての場合には、25％の子どもがアドボカシーサービスを利用している（Pithouseら2008：137）。より公的な場面での利用が望まれているのだろう。

　この調査では、アドボカシーサービスへのアクセスが問題となっている。しかしウェールズの別の調査（CCfW 2004）によれば、施設に住んでいる子どもは頻繁かつ規則的にアドボカシーサービスとコンタクトをとっている。ただウェールズでは、育成を受けている子どものうち、施設に住んでいるのは約6％である。その他は里親や家族と住んでいる。里親のもとで暮らして

いる子どもが苦情を自覚する前にどのように苦情解決制度やアドボカシーについて伝えるかが課題となっている（WAG 2004b：12）。その他にもコミュニケーションが困難な子ども、第一言語が英語・ウェールズ語ではない子どもからのアクセスが課題となっている（ibid:12）。

5　アドボケイトの役割

　この苦情解決制度自体が、子どもの意見表明権を保障する権利擁護のシステムである。とりわけ、苦情担当官をはじめ調査担当官、独立パーソン、独立審査委員会など、直接福祉サービスを担っている職員と制度上距離がある、あるいは独立した人たちが手続きに関わっている。サービスから距離が離れているというということは、彼らが客観性を保てること、そして苦情を申し立てる側も比較的アクセスしやすいというメリットがある。しかし、彼らの立場は中立公正であり、子どもの側に立つことはできない。

　子どもが苦情を申し立てることが困難なことは想像に難くない。何らかの福祉サービスを受けている子どもは、苦情解決制度を利用することによってサービス提供者（施設職員など）から報復をうけるのではないか（Wallisら1998）、または苦情が真剣に扱われるのだろうかと心配しているという研究（Cashmore2002）がこれまでもある。また、これまで述べたように苦情解決プロセスにおいては子どもを軽視した対応も見られている。

　そのため、子どもの側に立った支援を行うのが独立アドボケイトである。独立アドボケイトの支援は、「苦情」を認識する前から始まる。地方自治体がアドボカシー団体と契約し、その団体のアドボケイトが施設や里親宅に定期的に訪問する。これは子どもと関係づくりを行い、心配事や問題をできる限り早く認識する。そして必要な場合には苦情解決申し立ての支援を行うためである（WAG2004b：12）。

　地方自治体での苦情受理の段階で、苦情担当官は手続きの説明と共に、アドボケイトについての説明を子どもに対して行う。その結果、苦情解決制度の過程でアドボケイトを利用することを本人が選んだ場合、アドボカシーの

手引きによれば次のような支援をアドボケイトは行う。

①子どもが意見や願い、気持ちを表現できるよう支援する、または子どもの利益のために発言することによって、子どもをエンパワーする。②子どもと協力し子どもの同意のみに基づいて活動することにより、子どもが自覚している問題や心配ごとの解決を図る。③苦情解決制度のすべての段階で、情報、助言および支援を提供することにより子どもを弁護する。④子どもに権利と選択肢を伝えることで、苦情と求める結果をはっきり自覚できるように支援する。⑤子どもがアドボケイトを選ぶ際の選択肢となる、そして／または素人のアドボケイトが利用できる支援を提供する（WAG 2004b：15）。

このように子どもの同意の下で、子ども側に立った支援を行っている。この「同意のみ」ということだが、これはこれまでの研究で子どもが強く望んできたことである（Templeton ら 1998，Crowley ら 2008）。すなわち、意見が子どもの意図するところと異なっていたり、角が立たないように言い換えたりするのではなく、子ども自身の声がきちんと聴いてもらえるような支援が必要とされるのである。

本人が苦情解決の申し立てを終了したら、質問紙にアドボカシーサービスの評価を書いてもらうことなどの評価をもらう。その評価は、今後のサービス提供の改善に役立てられる（CCfW 2004：13）。

6　アドボケイトの評価

先に述べたように 2003 年から 1 年間で苦情解決制度を申し立てた子どもがアドボカシーサービスを利用した率は、ステージ 1 で 12％、ステージ 2 で 25％と少ないと言われる。しかし苦情解決制度を経験した子ども 25 名（アドボカシーサービス利用は 20 名）を対象にピットハウスらが実施したインタビュー調査等によれば、子ども達は次の諸点についてアドボカシーサービ

スを肯定的に評価している。

　①独立アドボケイトが時間と資源、情報を与え、話を聴き、プロセスを通してサポートし、一緒にいてくれたこと（Pithouseら2005）。
　②実践的であるだけではなく、情緒的な支援であり「非常に貴重な支援」だったこと（ibid）。
　③独立アドボケイトとの親しい関わりは、苦情解決制度の全体的な満足度の重要な決定要因だったこと（ibid）。
　④行政によって苦情解決申し立てが進められるよりも、アドボケイトと一緒に苦情解決制度を進めることの方が子どもに強い印象を与えたこと。子どもの苦情を真剣に受け取ってもらうために、行政に対して積極的に働きかけるアドボケイトが印象に残っているという（ibid）。
　⑤普段の生活で身近なおとながアドボカシーをしてくれることはあるけれども、公的な申し立てや施設や里親と意見が合わない場合にはアドボカシーサービスは役立つと見られていること（Pithouseら2008）。
　⑦子どもがアドボケイトの守秘義務と独立性に高い価値を置いていたこと（ibid）。

さらにウェールズのアドボケイト養成のテキストには、苦情解決制度で子どもはアドボケイトの次のような支援を評価したとしてまとめている（WAGら2009a：55）。

　①子どもの側に立っていること、②子どもの意見を信じていること、③もし子どもが願うのであれば、苦情の手続きをやり通せるように励ますこと、④子どもが解決に向けて力を発揮できるように手助けすることである。

このようにアドボケイトにアクセスできれば、徹底して子どもの側に立つ支援として、アドボケイトは子どもの支えになっているようである。

今後いかにアドボケイトの存在を伝えてアクセスを改善するかが課題とされる。ピットハウスらの研究（Pithouse,A. ら 2005：Pithouse ら 2008）では、苦情担当官が重要な役割を果たすことを提案している。苦情担当官は子どもが苦情申し立ての際に必ず接する人であり、この職員の支援を子どもたちは評価している。苦情担当官には今後さらに子どもへの丁寧な説明や支援が求められる。と同時に、アドボカシーサービスを積極的に紹介していく役割が求められている。このことによって、アクセスの改善が期待される。

7　ウェールズの新しい取り組み

ウェールズはこれまでの反省を踏まえて、2009 年にアドボカシー提供の新モデル『子ども若者アドボカシーサービス提供モデルのための手引き』（WAG 2009）を発行した。現在法的に有効な手引きを発行するため準備を進めている。新しいモデルは以下の「5 つの要素」で構成されている。

　①アクセスしやすいアドボカシー、②専門的アドボカシーサービス、③アドボカシーの質、④子ども参加、⑤アドボカシーサービスの評価

これらを実現するためにすでに始まっている事業もある。まず、全国独立アドボカシー理事会（The National Independent Advocacy Board）が設立された。ウェールズ全体の子どもアドボカシーサービスに関する討議を独立して行い、大臣に直接提案する諮問機関である。おとな有識者 4 名、子ども 4 名と司会者 1 名で構成されている。子どもは 14 歳から 19 歳の若者である。これは「5 つの要素」の内、「④子ども参加」及び「⑤アドボカシーの評価」に関連している取り組みである。

要素①のアクセスを改善するために、2010 年 5 月から始まったのはマイク（MEIC）である。これは電話、携帯メール、簡易メッセージでの相談を無料で受け付ける。出資はウェールズ議会政府で、アドボカシー提供を行っている 5 つの市民団体（全国青年アドボカシーサービス，トロスガナル，ボイ

ス・フロム・ケア，ウェールズの子ども＜Children in Wales＞，プロモウェールズ＜Pro-mo Cymru＞）が共同で実施している。相談の内容によって助言や他団体へつなげる。これまでも無料の相談は数多く設置されてきたが、マイクの特徴は、アドボカシーが必要な場合には訓練された独立アドボケイトの支援につなげられる点である。開始後、半年で3000人の子どもたちがアクセスしている（WAG 2010a）。課題となってきたアドボカシーサービスへのアクセスを改善するツールとなるのではないかと期待される。

　また、「②専門的アドボカシーサービス」の確立と「③アドボカシーサービスの質」を向上させるために、ウェールズでは「アドボカシー資格」を推奨しサポートしている。これは、子どもアドボカシーの十分な能力、技術、経験をもったアドボケイトを確保するために創設された。現在のところアドボケイトは資格がなくてもできる仕事だが、より質を向上するために推奨されている（この資格や養成方法の詳細については第9章を参照）。

第8章
障害児の参加とアドボカシー

はじめに

　イギリスにおいては、権利侵害を受けやすくまた意見表明が困難な特定のグループの子どものための専門アドボカシーが発展している。たとえば難民や移民の子ども、非行少年、精神障害のある子ども、ケアリーバーの子ども等である。障害児もこうしたグループの一つである。また障害児の場合には、特別なコミュニケーションニーズや知的障害等のため、意見表明や聴取される権利を保障するためには特別な配慮や支援が必要な場合がある。本章では、障害児に対するアドボカシーの前提になっている障害観、アドボカシーの必要性、アドボカシーの方法と実践、アドボカシーの障壁について述べ、その背後にある根本問題について考察する。

1　「障害の社会モデル」と障害児アドボカシー

　イギリスにおける障害児アドボカシーの発展の背景には「障害の社会モデル」がある。これは1970年代初頭に、ヴィク・フィンケルシュタインやマイケル・オリバー等の障害を持つ研究者によって理論化されたものである（Barnesら2004）。彼らはこの「障害の社会モデル」に依拠する障害研究を障害学（Disability Studies）として体系化した。それはもともとは隔離に反対する身体障害者連盟（UPIAS）の障害の定義に基づくものである。この団体は当初障害者施設の自治・自主管理の運動を行い、その後施設を出て地域での自立生活の確立を求めたハント（Hunt, P）の呼びかけによって結成されたのである。

隔離に反対する身体障害者連盟は障害をインペアメント（機能損傷）とディスアビリティ（社会的抑圧）に区別する。そしてインペアメントは「手足の一部あるいは全部の欠損、または手足の欠陥や、身体の組織または機能の欠陥」のことであり、ディスアビリティとは「現状の社会組織が身体的インペアメントのある人々のことをほとんど考慮せず、社会活動の主流への参加から締め出すことによって引き起こされる不利益や活動の制限」であると定義する（UPIASら 1975：20）。障害者を無力化しているのはインペアメントではなく社会的抑圧であるというのがUPIASの主張である。障害の原因を個人のインペアメントに求め、その克服の責任を個人に帰し治療やリハビリティーションに優先的な位置を与えてきた従来の「医学モデル＝個人の悲劇モデル」を批判し、責任の所在を個人から社会へと移し替えようとしたものである。

　マイケル・オリバーは、障害に関する個人のモデルと社会モデルの違いを表8－1のように整理している。これは障害児アドボカシーについて考える際に出発点となるものである。

　障害学の影響を受けた障害児に関わる研究者や実践者は、障害児を英語でDisabled Childrenと表記している。それは「社会によって無力化された子ども」（Disabled Children by Society）という意味である。こうした理解に立って、障害児教育と福祉においては、障害児を無力化している環境や社会のあり方、配慮や支援の欠如を分析し、それを変革することに主眼が置かれてきた。たとえば、教師のために執筆された『特別ニーズをどう支援するか』は次のように書き、社会モデルに立った実践を進めることの重要性を強調している。

　　「障害の医学モデル」と「障害の社会モデル」の２つのモデルがある。これらは障害に対する基本的態度を反映しているので、両方のモデルを理解することが重要である。そして実践者としては、医学モデルは障害者によって抑圧的なものであると考えられていることを理解しておくことが重要である（Tassoni 2003：9）。

表8-1　障害の個人モデルと社会モデル

個人モデル	社会モデル
個人の悲劇理論	社会的抑圧の理論
個人的問題	社会的問題
個人の治療	ソーシャルアクション
医療化	自助
専門家の支配	個人的・集団的責任
専門性	経験
適応	肯定
個人的アイデンティティ	集団的アイデンティティ
偏見	差別
態度	行動
ケア	権利
統制	選択
政策	政治
個人的適応	社会変革

（出所）Oliver,M.（1995：34）

　また『子どもアドボカシーサービス提供のための全国基準』基準3では「すべてのアドボカシーサービスは平等を促進する明確な方針の下に提供する。そして年齢、性別、人種、文化、宗教、言語、障害、性指向により子どもが差別されないようにサービスを監視する」と規定している（DoH=2009：174）。そして3.5では「機会平等を含む研修がアドボケイトに対して行われる。研修は難民と避難民の子どもたちに影響を与えた政策、障害児差別と障害児（とりわけ乳幼児とコミュニケーション障害を持つ子どもたち）の傷つきやすさへの理解を含んでいる」と規定しているのである（ibid：175）。

2　障害児へのアドボカシーの重要性と意味

　障害児にとってアドボカシーが重要な理由をナイトら（Knightら2008：

116）は次の3点に整理している。

①子どもを低く価値づけるとともに、障害児をとりわけ脆弱な（vulnerable）、保護が必要な存在と認識する社会で育つこと。
②障害児は虐待とネグレクトの対象になりやすいこと。
③障害児は施設に入る事が多く、いくつかの施設では未だに虐待が行われていること。

　障害児に対する権利侵害は具体的には②・③の形で現れるが、その背景には①が存在している。すなわち障害児を「脆弱さ」（vulnerability）を持った存在と捉える障害児観が、家庭や施設、学校における虐待の背景にあるのである。
　英語のヴァルネラビリティという言葉は、攻撃を受けたり傷つけられたりしやすい状態を意味する。たとえば乳幼児はおとなに比べて圧倒的に力が弱く、暴力や虐待から自らの身を守るのが困難である。そして小さな暴力でも、肉体的にも心理的にも大きな傷を受ける可能性がある。それゆえ乳幼児はヴァルネラブルな存在とされるのである。障害児は子どもであると共に、障害に由来するヴァルネラビリティをも持っており、最も脆弱な存在とされているのである。
　しかし多くの障害児者はこのヴァルネラビリティという言葉に抑圧を感じ抵抗してきた。障害児者がヴァルネラブルな存在と言われる時、自分で自分の身を守ることができない無力な存在と見なされているのである。このような無力さの認識に依拠すれば、障害児を保護し無力さに相応した特別なケアを受ける権利を擁護する受動的アドボカシーの必要性は強調されるが、これが強調されればされるほど障害児の権利行使主体としての地位は否定されるのである。その結果障害児の参加と意見表明を支援する能動的アドボカシーの可能性や必要性も否定されてしまうのである。
　障害児を権利行使主体と認識し、彼らの参加と意見表明を保障しようとする立場からすれば、ヴァルネラビリティという言葉で表現される障害児の依

存的地位そのものが社会的に構築されたものでありその克服が課題となる。その拠り所となる理論が障害を制度化された社会的抑圧（disablism）として分析し社会の変革を求める障害学と、子ども時代に関する社会学的分析の結果により見いだされたアダルティズム（adultism）に関する理論である。子ども差別に関する理論は、子どもの無力さを制度化されたアダルティズムによって構築されたものととらえその克服をめざす。たとえば研究者でもあり、アメリカの反アダルティズム運動団体であるユースオンボードの中心メンバーであるジェニー・サザマはアダルティズムを次のように定義する。

　子ども達は社会によって組織的に虐待され、軽蔑されている。そうした抑圧を直接的に行うのはおとなである。子どもへの抑圧の土台は軽蔑である。抑圧の具体的な現れは、組織的な無力化、声や敬意の否定（「時間がないからいまはだめ」）、身体的虐待、情報を与えないこと（「心配しないで、あなたには分からないことだから」）、誤った情報を与えること、力の否定、経済的依存状態、権利の欠如（親は勝手に子どもの銀行口座からお金を引き出すことができる）、高い期待の欠如、以上のもののあらゆる組み合わせである（Sazama ら 2001 : 3）。

ダリンプル（Darlymple=2009 : 194）は、子どもアドボカシーを「児童福祉におけるアダルティズムへの抵抗のための力」と認識し次のように書いている。

　おとなの世界での子どもの抑圧に対抗しようとする政治的な活動としてアドボカシーを定義する上で、参加、権利、声に関する言説は重要である。子どもをおとなに従属させることへの、この抵抗は専門アドボケイトによって可能になる。子どものニーズと権利についての重要な対話を創り出すために、彼らは子どもと一緒に活動するのである。しかしながら、このようなアドボカシーについての見方は、現代の子どもソーシャルワークの状況において緊張を生むであろう。この論文では、おとな

にはアドボカシー活動に従事する構造的必然性がある一方、子どもの周縁化に抵抗するやり方で実践しなければならないということを論じる。

このような観点からすれば、障害児のヴァルネラビリティは子どもへの抑圧と障害者への抑圧の二重の抑圧によって構築されたものだと言える。それゆえ障害児のアドボケイトは、障害者の抑圧についての障害学の理論とアダルティズムについての理論の両方に依拠して抑圧からの解放をめざす実践を展開していかなければならない。

> コラム
>
> **障害児自身が再検討会議をリードする**
>
> アビは自閉症と知的障害がある15歳の若者です。家から離れて寄宿舎に入り学校に通っています。アドボケイトは、（育成を受けている子どものための）再検討会議の準備と運営を手伝いました。アビとアドボケイトは一緒に、ボードメーカー（写真参照）の写真とステッカーを使って、会議に向けて話し合いました。アビの好きなもの嫌いなもの、好きな食べ物、好きな活動、誰に会議に来てほしいか等についてです。
>
> 図8－1　ボードメーカー
>
> （出所）Boardmaker 2010
>
> 当日アビとアドボケイトは会議の食べ物を買いに一緒に出かけました。アビとアドボケイトは会議の部屋を準備し、買ってきた食べ物と飲み物を並べました。すべてのことを、アドボケイトに助けてもらいながら、アビが中心になって進めました。再検討会議の時は、前もって考えてきた事とそれをどう進めたいかを自信を持って読み上げました。またソーシャルワーカーに直接質問することもできました。アビは、会議の中で専門職に自信を持って話し、自分の意見、好きなこと嫌いなこと、近い将来したいことを伝えました。再検討会議の準備と運営は、アビにとってとてもいい経

験になりました。(CDC 2009：16)

3　障害児アドボカシーの実践

　障害児のアドボカシーは、他の子ども達へのアドボカシーとどのように違うのであろうか。ここでは3つの事例を取り上げ検討を加える。

　事例1
　　11歳のエリオットは障害児施設で生活しています。エリオットには脳性マヒの障害があり車いすを使っています。またコミュニケーションにも困難を感じています。
　　「部屋の中でも外でも使える電動車イスが欲しくて施設の職員に訴えたけど、誰もそのために動いてくれなかった」とエリオットはチャリティー団体のボイスに訴えました。エリオットの依頼を受けて、ボイスは障害児のために働いた経験のあるフリーのアドボケイトを派遣しました。彼女は、エリオットの意見と願いが聞いてもらえるように支援することができました。またアドボケイトの仕事の一部は、どんな権利があるかを子ども達に伝えることでした。
　　エリオットのアドボケイトのジョーは、次のように言っています。
　　「エリオットの願いを保健福祉サービスで検討して貰えるようになるまでに長い時間がかかりました。エリオットが電動車イスの支給基準に該当することを行政に分かってもらうために、長い時間がかかったからです。またエリオットの以前の車いすは余りにも座り心地が悪かったので、彼にあった車いすを作るアセスメントのために、行政と議論しなければなりませんでした。」
　　適切な車いすの予算が確保されました。ジョーの助けなしには、エリオットが行政に働きかけて予算を確保させ、電動車いすを手に入れるのは不可能でした（Voice 2011）。
　事例2

重い自閉症の17歳の若者の事例です。彼は16歳までは母親と一緒に住んでいました。ところが母親に対して攻撃的になったので、母親が行政に相談して病院に入院して薬の投与を受けることになりました。そして今後は施設入所という方向になっていました。このときに、子どもの意思を確かめるためにアドボカシーの依頼がありました。アドボケイトは十数回病院へ行って話を聞き彼の様子を観察しました。母親や先生が来たときにどのような反応をするかなどです。彼はマカトン*1で、「家に帰りたい、お母さん恋しい」と訴えたので報告書が作成されました。この事例は裁判所の判断を仰ぐことになりましたが、最終的には自宅で生活できることになりました（Charters,interview）。

事例3
　19歳のアランは重度の身体および知的障害があり、複雑な医療的ニーズをもち、車いすを使用しています。彼のコミュニケーション方法は、主として金切り声をあげることと頭を振り回すことです。何か気に入らないものがあると叩き落としてしまいます。アドボケイトに照会された時、彼は育成を受けている子でした。アドボケイトの主な役割は、児童施設から適切な成人施設に彼が移行するのを支援することであり、成人サービスへの橋渡しをすることでした。アドボケイトはアランのことをよく知っていたので、新しい成人施設の職員がアランの好きなことと嫌いなことを理解し、その結果彼のニーズをより効果的に満たすことができるようにすることも役割でした（Knightら2008：120）。

　障害児にも様々な子ども達がおり、ある子ども達にとってはアドボカシーは健常児と同じ形態・方法で提供され得るものである。しかし手話や文字盤

＊1 「マカトン法は、言語やコミュニケーションに問題のある子どものために、英国で開発され、世界の40ケ国で使われている言語指導法です。音声言語・動作によるサイン・線画シンボルの三つのコミュニケーション様式を同時に用いることを基本とします。マカトン法によって、言語理解、音声表出、コミュニケーション意欲の向上がうながされます。理解言語にくらべて表出言語に問題のある場合には特に効果的です」（日本マカトン協会2011）。

第8章　障害児の参加とアドボカシー

などの特別なコミュニケーション方法を用いる子ども達や言語障害がある子どもたちのアドボカシーは、コミュニケーションニーズを満たすため一定の知識・技術を必要とする。とりわけ重度の知的障害があり言葉による会話を行わない子ども達へのアドボカシーは、コミュニケーションに特別な知識や技術を必要とするだけではなく、特有の形態・方法のアドボカシーを提供する必要があり、その結果ジレンマに直面することになる。知的障害の程度が重くなればなるほど、そのジレンマは増幅する。

　事例1のエリオットの場合には、脳性マヒによる言語障害がありコミュニケーションに困難を感じてはいるが、音声言語によるコミュニケーションは可能である。それゆえエリオットは自分の願いを明確にアドボケイトに伝え、アドボケイトはその実現に向けて支援することができた。ここではコミュニケーションの一定の困難はあるが、アドボカシーの形態・方法は他の子ども達に対するものと本質的に同じである。

　一方事例2の若者の場合には、言葉によるコミュニケーションが困難で、マカトンを使用して会話をしている。そのためアドボケイトは、彼の願いを理解するために、十数回病院に通って話を聞き観察する必要があった。そのことによって初めて若者の願いを明確に理解することができ、それをもとに報告書を作成し裁判で彼の願いを代弁することができたのである。ここでは非言語的なコミュニケーションを通して表出される若者の願いを正確に理解する能力が求められる。しかし同時にこの若者は、マカトンを使った言葉やシンボルによるコミュニケーションが可能であり、それゆえアドボケイトは彼の願いを明確に理解することができたのである。

　それに対して事例3のアランは、音声言語やシンボルによるコミュニケーションを行うことができない。それゆえアドボケイトは彼の行動や表情等を観察して、その背後にある彼の願いや気持ちを推測しなければならない。そしてそれに基づいてアドボカシーを行うわけである。しかしアドボケイトはそこで特有のジレンマに直面することになる。

4　障害児の意見表明権

　子どもの権利条約「第12条意見表明権」は「締約国は、自己の意見を形成する能力のある児童がその児童に影響を及ぼすすべての事項について自由に自己の意見を表明する権利を確保する。この場合において、児童の意見は、その児童の年齢及び成熟度に従って相応に考慮されるものとする」と規定している。この条文の中の「自己の意見を形成する能力のある児童」をどのように解釈するかが争点になってきた。これを言語による十分なコミュニケーション能力を持った子どもと解釈するならば障害児及び乳幼児は「子どもの意見表明権」の保障の対象から除外されてしまう。

　このことと関連して、国連子どもの権利委員会は、「一般的意見7号（2005年）乳幼児期における子どもの権利の実施」の「14.　乳幼児の意見および気持ちの尊重」において次のように述べている。

　　第12条は、子どもが、自己に影響を与えるすべての事柄について自由に意見を表明し、かつその意見を考慮される権利を有すると述べている。この権利は、自己の権利の促進、保護および監視に積極的に参加する主体としての乳幼児の地位を強化するものである。乳幼児の——家族、コミュニティおよび社会への参加者としての——行為主体性の尊重は、しばしば見過ごされ、または年齢および未成熟さにもとづいて不適切であるとして拒絶されてきた。多くの国および地域において、伝統的考え方にもとづき、乳幼児が訓練および社会化の対象とされる必要性が強調されている。乳幼児は、未発達であり、基礎的な理解力、意思疎通能力および選択能力さえないと見なされてきた。乳幼児は家庭において無力であり、社会においてもしばしば声を奪われ、目に見えない存在とされている。委員会は、第12条は年少の子どもと年長の子どもの双方に適用されるものであることを強調したい。もっとも幼い子どもでさえ、権利の保有者として意見を表明する資格があるのであり、その意見は「その年齢および成熟度にしたがい、正当に重視され」るべきである

（CRC=2005）。

　ここで重要なのは、「意見」（view）に加えて「気持ち」（feeling）の尊重を明記した点である。身振りや表情、行動を通して気持ちを表現することは最も幼い子どもも、重度の障害を持った子どもも日常的に行っていることである。「もっとも幼い子どもでさえ、権利の保有者として意見を表明する資格がある」と明記されたことは、権利条約12条の「自己の意見を形成する能力のある児童」という表現に含意される制限を事実上撤廃し、最重度の障害児を含むすべての障害児を意見表明権および聴取される権利の主体として規定したことになる。

　加えて国連障害者の権利条約「第7条障害のある児童」の3は以下のように規定している。

　　締約国は、障害のある児童が、自己に影響を及ぼすすべての事項について自由に自己の意見を表明する権利並びにこの権利を実現するための障害及び年齢に適した支援を提供される権利を有することを確保する。この場合において、障害のある児童の意見は、他の児童と平等に、その児童の年齢及び成熟度に従って相応に考慮されるものとする（2006年日本政府訳　『障害者の権利に関する条約』）。

　ここでは障害児の意見表明権を明確に規定すると共に、「障害及び年齢に適した支援を提供される権利」を掲げている点が重要である。特別なコミュニケーションの方法を使ったり、言語・シンボルによるコミュニケーションを行わない子どもの場合には、適切な支援が提供されなければ事実上意見表明は不可能だからである。これは障害児に対する専門アドボケイトの必要性の根拠となるものである。

5　障害児アドボカシーにおける　　指示的アドボカシーと非指示的アドボカシー

アドボカシー一般において、クライエントの指示は最も重要な成立要件である。たとえばどんなに優秀な弁護士であっても、クライエントの指示がなければ、法廷において適切な代弁を行うことは困難である。

同様に、子どもの参加と意見表明を支援する能動的アドボカシーにおいても、子どもの指示はアドボカシーの成立要件である。このことを「子どもアドボカシーサービス提供のための全国基準1.2」は次のように述べている。

> 子どもがアドボカシーの過程を導く。アドボケイトは子どもの表現された許可と指示の下にのみ行動する。それが「子どもの最善の利益」についてのアドボケイトの意見とは異なる場合でさえそうするのである。例外的な状況においてのみ、この基準は破棄される（DoH=2009：171）。

ここで例外的な場合とは、子ども自身または他の人に対する「重大な侵害」の恐れがある場合であり障害は含まれない。アドボカシー提供の過程で障害に適した支援を提供することは、とりわけ基準3.4で次のように規定している。

> 障害児と乳幼児のコミュニケーションニーズに特別な関心を払う。そこには乳児と重複障害、知的障害の子どもが含まれている。乳幼児や障害児の中には、創造的で感覚的なアプローチを必要とする子どもたちもいる。それは新しいテクノロジーやマルチメディアや非言語的なコミュニケーションの利用を含んでいる。応答を理解できるように訓練を受けたスタッフが必要な子どもたちもいる（ibid = 2009：174-5）。

前述のように、さまざまな支援により健常児と同様にアドボケイトへの指示を行うことができる子どもへのアドボカシーの方法・形態は健常児に対す

第8章　障害児の参加とアドボカシー

るものと本質的に同じである。このような子どもの明確な指示に基づいて行われるアドボカシーをピュアアドボカシー（pure advocacy）という。一方事例2や事例3のように言語的な指示が困難ないし不可能な子どもに対するアドボカシーは非指示的アドボカシー（non-instructed advocacy）と呼ばれている。ボイランら（Boylanら2009：108-12）は非指示的アドボカシーには、人間中心アプローチ、人権アプローチ、観察（watching brief）アプローチ、最善の利益アプローチの4つのアプローチがあると述べている。そのうち最も主要なアプローチは、人間中心アプローチであり、それは子どもと知り合い、好きなもの嫌いなものを理解し、それをもとに彼らの願いを推量しアドボケイトするというプロセスをたどる。

たとえば事例③のアランのアドボケイトは、非指示的アドボカシーの過程について次のように述べている。

> 障害はアドボカシーの方法に影響を及ぼします。彼は話をしません。私は経験から、彼の好きなもの好きでないものを言うことができます。でも彼の好き嫌いを知っているからと言って、「どこに住みたいの」と聞いて彼から答えを得られるかどうかは疑わしい限りです。そんな風にできるとは全く思いません。私ができることは、何がうまくいって何がうまくいかないかを彼の反応を見て判断し、彼のことを知っているスタッフや両親、その他の人と話をすることです。でも1日の終わりになっても、「僕はそこには行きたくない。そんな計画は嫌だ」と彼が本当に思っているかどうかわからないのです。私はそのことについて何も言うことができません（Knightら2008：121）。

それゆえアドボケイトは、次のことを根拠にアランへのアドボカシーを行っている。

> 彼について経験により知っていること、18歳の普通の若者がどうかということ、彼のような若者がどんなことを楽しみにしているかという

157

ことだけを拠り所とすることができました。たとえば彼は大きな音で音楽を聞くのが好きなので、大きな音で音楽を聞くのに反対しない人たちと一緒に住む必要があるというようなことです（ibid：121）。

「人権アプローチ」とは、子どもの権利条約等に規定された子どもの権利を拠り所にその擁護・促進をめざしてアドボカシーを行うものである。「観察アプローチ」はスタフォードシャーのアシスト（Asist）という団体が開発したものであり、「能力・コミュニティへの参加・継続性・選択と影響・個性・地位と尊敬・パートナーシップと関係性・ウェルビーイング」（Baylanら 2009：109）という8つの指標に照らして子どもの状況を観察し、アドボカシーを行おうとするものである。最後の「最善の利益アプローチ」は、子どもの最善の利益の実現をめざしてアドボカシーを行うものである。多くのアドボケイトは、この4つの方法を組み合わせて、非指示的アドボカシーを行っているという（ibid：108-12）。

指示的アドボカシーが障害児にとって大きな利益になることは疑いがない。しかし指示がアドボカシー成立要件であることからすれば、とりわけ子どもの参加と意見表明を保障する能動的アドボカシーは「子どもの表現された許可と指示に従う」ことによってのみ可能になるということを考えるならば、非指示的アドボカシーは矛盾した営みでありジレンマを抱えることになる。たとえばあるアドボケイトは「アドボケイトの考えか子ども自身の希望か紙一重である」（Knightら 2008：120）と述べている。

ボイランらは非指示的アドボカシーを巡る問題を次のように整理している。

　　しかしながら、（子どもの指示なしに彼らの福祉を保護促進する－訳注）人物は独立／専門アドボケイトではあり得ない。子どものために働くすべての専門職は、役割の一部として、傷つきやすい子どもの権利と福祉を保護促進しなければならない。それゆえ近年非指示的アドボカシーと呼ばれるようになったものはアドボカシー領域の中に適切な位置を占めることができるのか、それともロビー活動や運動の延長に過ぎないのか

という疑問が残る。(Boylan ら 2009：117-8)

すなわち子どもの指示に従うのではなく自分の判断で子どもの権利と福祉の擁護促進活動に従事する人は、第2のソーシャルワーカーか運動家であり、子どものアドボケイトではないのではないかという疑問を提示しているのである。これは非指示的アドボカシーを巡る根本的な問題である。

6　障害児アドボカシーの障壁

アトキンソン（Atkinson 1999：22）は「大抵の子どもがほとんどあるいは全くアドボカシーにアクセスしていない。知的障害[*2]や学習障害（children with literacy difficulties）があり、文字を書いたり電話を使うことができずほとんど、あるいは全く話すことができない子ども達はとりわけそうである」と指摘している。

チルドレンズソサエティは2007年に「子どもの権利擁護主事及びアドボケイト」[*3]に所属するイングランド及びウェールズの157団体を対象に郵送法によるアンケート調査を行なった。調査内容は2006年4月から9月にかけての障害児へのアドボカシー提供の有無及び具体的内容等である。この調査結果は、『いつ聴いてくれるの—— イングランドにおける障害児へのアドボカシー提供』（Mitchell 2007）と題する報告書として発表された。以下、この報告書に基づいて、イングランド及びウェールズにおける障害児へのアドボカシーサービスの実施状況を示す。

報告書によると、アドボカシーサービスを提供している68団体の内64は、2006年4月から9月に障害児へのアドボカシーサービス提供を行っていた。サービスを利用した障害児は約877人である。約4割の団体は育成を受けているかリービングケアの障害児にだけサービスを提供していた。

＊2　原語は 'children with learning difficulties' であり、これは重度の知的障害（children with severe learning difficulties）から軽度学習障害までを含む広範な概念である。本書では文脈から「知的障害」と訳出した。

＊3　Children's Rights Officers and Advocates（略称 CROA）

地方自治体または特別学校等からアドボカシーサービスの委託を受けている52団体の内、28団体のサービス水準契約において障害児へのアドボカシー提供が明示されている。15団体の契約においては、明示はされてはいないが、暗黙の了解としてそれを含んでいる。9団体の契約には含まれていない。

　障害児へのサービス提供を行っている62団体中15団体は申請を受け付けられないかサービス提供ができないケースがあったと回答している。委託団体である地方自治体が指示のできる障害児にのみサービス提供を認めていたり、サービス提供の余裕がなかったり、会議の直前の申請であったりしたためである。62団体中29団体のみが「①自閉症・②言葉を話さない障害児・③重度知的障害児」の3つのカテゴリーすべてにサービス提供を行っていた。26団体は「②言葉を話さない障害児」へのサービス提供はできないと回答している。6団体は3つのカテゴリーすべてにサービス提供を行っていなかった。

　この調査結果から、障害児のアドボカシーサービスへのアクセスは健常児に比べて困難であり、そこには障壁があると結論づけている。この調査で抽出されたアドボカシーサービスを可能にする要因と、困難にする障壁は次のようなものである。

　　可能にする要因
　・団体の価値観、関与、権利基盤アプローチに基づくアドボカシーサービス理念
　・創造的で柔軟で子ども中心のアプローチ
　・子ども及びアドボカシーサービスを委託している行政のアドボカシーについての理解
　・障害児の意見・願い・気持ちが聴取されることを保障する（独立再検討官のような）鍵となる専門職の関与
　・今存在しているものであれ、訓練と雇用によって長年にわたって発展してきたものであれ、組織内に蓄積されているアドボカシー技術の基盤

・専門的支援を受けるために外部コンサルタントにアクセスできること
・現実的で柔軟に運用できる財源があり、アドボケイトが障害児に対して必要な時間を割くことができること（ibid：36）

困難にする障壁
・障害児は意見表明が可能でまたその権利を持つということについての専門職の理解の欠如
・アドボカシー申請時期が不適切であること。申請に関する専門職の理解に問題があること
・権利とアドボカシーサービスへの障害児の理解促進が十分でないこと。
・非指示的アドボカシー実践への合意が欠けていること
・財源が限られており、その結果資源が欠けていること
・適切な訓練が限定されていること（ibid：46）

　障害児へのアドボカシー提供が進んでいるイギリスでも、多くの課題があると認識されており、その克服のための挑戦が行われているのである。

7　障害児の参加とアドボカシーをめぐる根本問題

　以上のような障壁の指摘の他に、障害児アドボカシーを困難にしている根本問題についての指摘がある。それはイギリスにおける近年の子ども施策そのものと関わっている。

　イングランドの子ども政策の基礎となる基本的な考え方は、政策提言書『すべての子どもは大切』およびその内容を盛り込んだ2004年児童法にある。この2つの文書は、子どものための5つの成果指標を促進することに焦点を当てている。それは「健康であること、安全であること、楽しみかつ目標を達成すること、前向きな活動に寄与すること、経済的ウェルビーイングを達成すること」の5つである。

　こうした政策の下で子どもの生活とライフチャンスに一定の進歩がもたらされたと指摘されている。しかしながら、その中に障害児の権利という立場

から考えた時に根本的な問題があるということが指摘されている。たとえばリスター（Lister 2003）は「（この政策の中には社会的投資モデルが本来的に存在しているので）現在の子どもの生活の質、平等、権利よりも、おとなになるプロセスとしての現在に焦点が当てられている」、すなわち being（現在の子ども達の生活や福祉）よりも becoming（将来の貢献）を重視しているということを指摘している。これを受けて、マーチンら（Martinら 2010：100）は、「もし将来の経済的貢献に向けての子ども達の潜在能力に価値が置かれるなら、将来の労働力の一翼を担うことのない障害児はどのように価値づけられるのであろうか。またより広い観点からすれば、子どもがそのままでかけがえのない存在であるということはどのように価値づけられるのであろうか」と批判している。このような観点に立てば、障害児の参加や意見表明の価値は無視あるいは軽視されてしまうことになる。

　ここで指摘されている子どもの福祉や教育への支出を社会的投資ととらえる見方はイギリスだけでなく多くの国で採用されているものである。日本でも第2次世界大戦以降、教育投資論的な見方が教育政策の基礎となってきた。その結果、障害児の地域の学校からの排除が進行したのである。障害児の参加と意見表明を推進するためには、その根本的障壁となっている、being（現在の子ども達の生活や福祉）よりも becoming（将来の貢献）に価値を置く子ども観の批判と超克が求められているのである。

第9章

子どもアドボケイトの養成と提供

はじめに

　本章では独立アドボケイトの養成とサービス提供を行うためのシステムについて述べる。養成については、組織内で養成するか、または資格取得によって養成される。とりわけ近年創設された資格制度は、アドボカシーの理念を踏襲しかつ実践的な内容である。そのため、資格制度を中心に養成のシステムを明らかにしたい。

　またサービスを提供するための仕組みを理解するため、アドボケイトの雇用形態、スーパービジョン、子どもとの契約方法について述べる。

1　アドボケイト養成の方法

　現在子どものアドボケイトになるために取得しなければならない資格はない。しかし、アドボケイトが、スキルを向上し、アドボケイトの主要な問題とアドボカシー実践におけるジレンマに取り組み、かつ他の専門家からの正しい認知を得るために十分なトレーニングが求められている（Oliverら2006：13）。すべての子どもがアドボカシーを利用できるように、すでにスキルのあるアドボケイトも幼い子どもや障害児を対象としたアドボカシーのトレーニングが求められる（ibid：13）。

　養成講座は各チャリティー団体内、または後に述べる資格取得の講座で行われている。アドボケイトは過去に子どもに関わる仕事を経験しており、かつ研修（組織内）を1日から3日受講した者が望ましいとされている（Ashley

ら2006：46)。チャリティー団体内の養成講座では多くの場合、子どもの権利条約や児童法といった法的根拠をはじめ、アドボカシーの理論と実践について教えられてきた。

子どもがアドボケイトから何を得られるのかを明確にするために「子どもアドボカシーサービス提供のための全国基準」（DoH 2002c, WAG2003b）が作成された。これは現在もアドボケイトの重要な指針であり、アドボケイトの養成課程でも必ず学ぶものである（FRG 2004a;Ashleyら2006：WAG ら2009a)。

バーナードからアドボケイトの過去の仕事について尋ねると、看護師、里親、校長、保護観察官、ソーシャルワーカー、サッカーコーチ、ユースワーカー、労働組合役員、大学教員、子どもを育ててきた人たち、秘書等、様々な経歴の人が携わっているという（Horan, interview）。

2 「独立アドボカシー」の資格

「独立アドボカシー」の資格は、2つの職種が法定化されたことに伴って創設された。1つは、2005年意思決定能力法（Mental Capacity Act2005）で制定された「独立意思決定能力アドボケイト」[*1]（(Independent Mental Capacity Advocate;IMCA)、もう1つは2007年に改正精神保健法によって制定された「独立精神保健アドボケイト」(Independent Mental Health Advocate;IMHA)である。これらのアドボカシーを行うには、資格の取得が必要である。

菅（2010：45-6）は前者のIMCAを次のように説明している。

> イギリス2005年意思決定能力法において、①「重大な」医療行為（例 抗癌剤の使用，癌の摘出手術、腕足の切断、視覚や聴覚を失う恐れのある手術、不妊手術、妊娠中絶など）を施す/中止する/中断する必要があ

[*1] 独立意志決定能力アドボカシーにはさらに上のレベルの資格「Level 3 Diploma in Independent Mental Capacity Advocacy - Deprivation of Liberty Safeguards」も新設された。これは170時間の講座を受ける必要がある。

ったり、②病院、介護施設に入所（28日以上の長期にわたって）、あるいは入居施設に入所（8週間以上の長期にわたって）させる必要がある場合，本人が意思決定能力を失っていて同意できない状態にあり、かつ、本人の意思決定を支援したり本人の意思や利益を代弁してくれる家族や友人がない場合、そうした人々の権利擁護のため、「第三者代弁人　IMCA」サービスが用意されている。

　IMCAは、おとなを対象にした支援である。一方、「独立精神保健アドボケイト（IMHA）」は、精神保健法に該当する患者を対象にしたアドボケイトである（DoH 2010）。法的権利を患者が理解し行使するために救済とサポートを行う。このアドボケイトは、精神科病院で拘束されているなどの条件下にいる子どもも対象となる（WAGら2009a：69）。

　これらの資格はシティ・アンド・ガイド（City &Guides）という民間の職業訓練団体が、イングランド保健省とウェールズ議会政府と協働して創設した。国家資格ではなく「資格と履修単位の枠組み」（The Qualifications and Credit Framework）という種類の資格である。これは英国及びEU圏内において、取得資格と単位の信頼性を認定するものである。この資格はまずアドボカシー理論について学ぶ「4つの必須ユニット」を履修する。その上で、精神障害やマネージメント、おとな、子どもから1つ専門とする分野を選択する。この資格を取得するには総計約135時間の履修が求められる。

　　「独立アドボカシー」のカリキュラム
　　◎4つの必須ユニット
　　・独立アドボカシーの目的と原則
　　・独立アドボカシーサポートの提供
　　・独立アドボカシーの関係を維持する
　　・様々なグループのアドボカシーニーズに応じる
　　◎以下から1つのユニット選択
　　・独立意思決定アドボケイトの提供

・独立精神保健アドボカシー
・独立アドボカシーマネージメント
・おとなへの独立アドボカシーの提供
・子ども独立アドボカシー（City & guides 2010）

　子ども分野を専門にする者は、「4つの必須ユニット」と「子ども独立アドボカシー」を履修する。ただ注意すべきことは、「子ども独立アドボカシー」資格はウェールズ政府しか認定していないということである。本書第7章で示したように、ウェールズは新しいアドボカシーモデルの構築を進めており、その柱の1つにアドボカシーの質の向上を掲げている。この認定はその一環である。マーシャー（Mercer, interview）によると、子どもアドボカシーの資格はウェールズのみの認定であるため、「子ども独立アドボカシー」資格取得者はまだ少ないという。この資格の中の選択ユニット「子ども独立アドボカシー」のみを養成講座として活用している団体もある。

3　選択ユニット「子ども独立アドボカシー」

　この選択ユニットは、養成テキスト作成の資金をウェールズ議会が提供し、作成支援を全国子ども精神保健監視支援サービス（National CAMHS (Child and Metal Health Observatory) Support Services）という公的機関が行っている。多くのチャリティー団体[2]や先鋭的な研究者[3]、子どもたちによって書かれている（WAGら 2009a）。
　この養成講座では以下に挙げているように、アドボケイトの7つの到達目標（outcome）を定めている。

①子どもに独立アドボカシーを提供する

＊2　ジグソーフォーユー（Jigsaw4U）、ボイス、全国青年アドボカシーサービス、トロスガナル、文化と健康（Culture and Health）
＊3　Jane Dalymple,Glen Mclean,Maureen Winn Okaley

第9章　子どもアドボケイトの養成と提供

②子どもの権利促進のために、英国・欧州の法律及び国際法を活用する
③アドボカシーサポートの依頼に応じる
④子どもが選択肢とその帰結を探求するのを支援する
⑤一連の会議と意思決定過程において子どもを支援する
⑥専門家と関わる
⑦子どもの安全を確保するために子ども保護システムを使う

　講師はこの目標に向けた講座を行う。章末に到達目標の詳細（資料9−1）を添付している。これを見れば、アドボケイトに必要な知識の詳細が理解できると考える。
　以下は講師用テキストの目次である。到達目標を達成できるように構成されている（WAGら2009b：3）。

・誰がアドボカシーを必要としているか
・誰がよりアドボカシーを必要としているか
・問題を明らかにすること
・アドボケイトは何をするのか
・最善の利益と願い・気持ち
・チャーリーの最善の利益[*4]
・セルフアドボカシーをサポートする
・子ともに関わること
・子どもはアドボケイトをどう思っているのか
・守秘義務
・実践における守秘義務
・子どものために働く他の人々
・裁判に出席する
・再検討会議に出席する
・悪夢の再検討会議
・子どもの権利への個人的意見
・国連子どもの権利条約を学ぶ
・児童法1989年における権利
・子どもの権利に関するクイズ
・子どもに関する法律
・精神保健におけるアドボカシー
・苦情解決制度におけるアドボカシー
・障害児のアドボカシー
・フィードバックを改善する
・アドボケイトは孤独か
・アサーティブネス
・自己反省
・関係の終結
・終結のための準備

＊4　チャーリーの事例から最善の利益をとらないアドボケイトの役割を理解する。

この養成講座は、受講するだけではなく習熟度の評価がなされる。たとえば、評価者が受講者の仕事現場に出向いて観察をする、受講者のレポートを評価する、サービス利用者から評価を受ける等である（WAGら 2009a：10）。

4　養成講座への若者の参加

　ケイトマーシャートレーニングではこの資格を取る際に、福祉や保健のサービス利用者がトレーナーまたは評価者として参加する（Mercer, interview）。それは次のことが重要視されているからである。

　　アドボカシーとはまさに聴くことであり、個々の経験を尊重することである。アドボカシーを学ぶ上で必要不可欠なことの一つは、アドボカシーサポートを利用した人、または保健やソーシャルケアサービスを利用した人から直接聴くことである（Kate Mercer Training 2009）。

　「子ども独立アドボカシー」の資格の場合も、必ず子どものときに福祉サービスを利用した経験者が参加する。ケアリーバーも含まれているため、14歳から60代まで幅広い。
　ただ若者の参加は受講者にメリットがあるが、配慮も必要である。マーシャー（Mercer, interview）は次のように述べている。

　　私たちは若者をトレーナーとして訓練して、私たちが運営している全てのコースで一緒にトレーニングを行います。一人のおとなのトレーナーと、少なくとも一人の若者トレーナーがいるようにします。若者は時々グループの中で自分の話をします。それはとてもパワフルです。自分の経験を話すとき、彼らが傷ついたり、困惑していないか私たちは確かめる必要があります。私たちは、自分自身の話をしても良い時とそうではない時を彼らに教えるために訓練します。

このような配慮を行いながら当事者の声から学ぶことは、子ども主導を重視するアドボケイトの養成に欠かせないことであろう。

5　アドボケイト養成の課題

まず、トレーニングを受けにくい環境にあることが課題になっている。イングランド初の国の委託によるアドボカシーの調査の中で、トレーニングへの関心と必要性がある一方で、トレーニングの開催地が遠隔地にあったり、多くの時間を要することが課題として挙げられている（Oliverら 2006：13）。

次に、養成といっても子どもを導いたりアセスメントをする「専門家」になることではないと認識することは重要である。むしろ子どもに導いてもらうために、「脱専門家」を目指さなければならない。このことについてホラン（Horan, interview）は次のように述べている。

　　一番良いアドボケイトは訓練を受けたソーシャルワーカーではないと私は思います。ソーシャルワーカーはアセスメントのような他のことにとても忙しくて、ほとんどそれを止められないのです。私はエリーの事例（第5章参照）でアドボケイトをしました。しかし、それはソーシャルワーカーの仕事ではないのです。肝心なのは会議で彼女が何を言いたいかということだけなのです。

　　これまで10年働いてきたアドボケイトもいて、彼らはアドボケイト以外のこともしています。アドボケイトは短期集中の仕事で、会議に入ってそしてすぐに出ることになります。それで会議の後に何が起きるか知りたくなるので、とてもフラストレーションが高まるでしょう。アドボケイトと子どもはまた再検討会議で会うかもしれないし、会わないかもしれないのです。トレーニングのとき、次のことを言い続けるべきです。「ソーシャルワーカーの帽子をとりなさい、あなたはソーシャルワーカーではありません」と。一番良いアドボケイトは、子どもとうまくやっているソーシャルワーカーや子どもとうまく話せるソーシャル

ワーカーではないのです。私たちの頭の中には余りにもたくさん専門用語が詰まっているので、いつ使ったらいいのかさえ分からないのです。専門用語をもっていなかったら、もっと率直に話せるでしょう。

ソーシャルワーカーはアセスメントなど先のことを考える仕事がある。しかしアドボケイトは、先のことは考えない。その場で子どもが何を言いたいのかということだけである。それゆえ、専門的知識や用語が逆に邪魔になることがあるのだろう。
このことを明確に示す次のような事例がある。

　女性の校長はアドボケイトになるのが難しいと思います。なぜなら、子どものことに口出しするし、威張っています。
　過去には、保護観察官や秘書をしていた人たちもアドボケイトにはいました。一番良いアドボケイトは、私たちが事業を始めたファミリーセンターにいた受付係でした。最も愛情深くあたたかいやり方で子どもと接していました。子ども達がセラピストに会うためにファミリーセンターに来る時、子どもは受付係である彼女の机にくっつき、離れたくないのです。それで、私たちは彼女がアドボケイトになるように訓練しました。彼女はどんな子どもとも話せました。子どもとうまくやっていくコツを知っているのです。
　これはアドボケイトに必要なことです。学位や修士号は必要ありません。子どもと話すときに、それらはガラクタです。あたたかさ、本当の関心、良い聴き手であることが必要なのです。多くの専門家が良い聴き手ではありません。専門家は人々に何をすべきかを話すことは得意です。でもあまり良い聴き手ではありません。80％聴いて20％話すことが大事なのです（ibid）。

このようにホーランは、脱専門家を目指すことの重要性を指摘した。過去に専門家を経験した人ほど、アドボケイトの養成講座は必要になるのだろう。

養成講座で脱専門家を行い、子どもに本当の関心を持って聴けるようになることが重要だと考える。

6 アドボケイトの雇用形態

これまでアドボケイトの養成について述べてきた。以下は、このアドボケイトの提供の仕組みについて述べていきたい。まず、アドボケイトの雇用形態についてである。

アドボケイトの雇用形態はチャリティー団体の規模や事業ごとに異なっている。それに加えて、公的に定まったアドボケイトの名前がないため、職名も団体により異なっている。

全国青年アドボカシーサービスではアドボケイト400名が働いている。専門に応じてアドボケイトの名称も様々である。さらに、弁護士（solicitors）が本部に6名、ロンドンに5名雇われている（Besselら, interview）。

ボイスでは10名の常勤職員と80名の非常勤のアドボケイトで活動している。常勤職員は弁護士1名を含む専門アドボケイトで、少年非行、精神障害、難民、障害児、16歳以上のケアリーバーの子ども達等の担当、または非常勤アドボケイトのスーパーバイザーである。また非常勤のアドボケイトの時給は18～20ポンド（約2300～2700円）であり、ソーシャルワーカーの時給に相当する（Kemmis, interview）。

ウィルトシャー州のバーナードは1名のハーフタイムワーカーと約12名のセッショナルアドボケイトがいる。ハーフタイムワーカーはソーシャルワーカーと同程度の給与をもらう。ただし常勤のソーシャルワーカーの半分の時間（週18時間）しか働かないため、ソーシャルワーカーの半分の給与（年間約23000ポンド（約310万円））を受け取っている。年金等の社会保障もある。セッショナルアドボケイトは年俸のように定まった額の収入が得られるわけではない。それぞれの地域に数人のアドボケイトが置かれ、ケースの場所によって電話で要請する形態をとっている。バーナードは通勤時間1時間につき8ポンド（約1000円）、子どもと会って仕事をするのは1時間につ

き12ポンド（約1500円）である。しかし、経験年数や地域の物価によって変わる。賃金は上がっていく。セッショナルアドボケイトは他に仕事を掛け持ちしている場合が多い（Horan, interview）。

7　アドボケイトのスーパービジョン

　アドボケイトは、ソーシャルワーカーなど専門職から軽視されたり批判を受けたりすることがある。それゆえアドボケイトは活動する上で、「避けられない孤独」とストレスを感じている（Kendrick 2006）。事前にアドボケイトが立場上、孤独とストレスを抱えやすいことが「自然」だと認識しておくことがストレス減少につながる（Hendersonら 2001；Kendrick 2006）。よって、養成講座にもこうした内容が盛り込まれている（講師用テキストの目次「アドボケイトは孤独か」参照）。

　認識と同時に、アドボケイトへのスーパービジョンとインフォーマルなサポートも必要であるとされている（Hendersonら 2001）。例えばボイスアドボケイトは、個別のスーパービジョンを月に1回受けなければならない。アドボケイトは最大15ケースまでもつ。そのケースの中で何か問題を抱えていたら相談しアドバイスをもらう。

　若者は痛ましい話、例えば身体的かつ精神的な虐待について時々話すことがある。アドボケイトが精神的に辛くなった場合には、ボイスで雇われているカウンセラーからグループカウンセリングを受けることができる（Charters, interview）。

　全国青年アドボカシーサービスでは、セッショナルアドボケイトがどのような活動をしたかをパソコンに日常的に記録し、それを上級アドボケイトが確認する。月1回、上級アドボケイトとセッショナルアドボケイトが「最善の実践会議」（Best Practice Meeting）で1対1のスーパービジョンを行っている。またセッショナルアドボケイトは孤独な活動であるため、経験を共有できる仲間7、8名でピアスーパービジョンを行うという工夫をしている（Besselら interview）。

バーナードは電話でのスーパービジョンを行うことに加えて、月に半日のスタッフミーティングを実施している。ミーティングではケースのディスカッションや情報の更新を行っている（Horan, interview）。

8　子どもとのアドボカシー契約

　子どもがアドボカシーサービスを利用する場合に、子どもと契約書を交わす団体と交わさない団体がある。まずは契約書を交わしている団体について述べる。ボイスのチャーターズ（Charters,interview）によれば、何らかの方法で意思が確認できる子どもの場合、子どもとサービス提供のための契約を交わすという。意思が確認できる場合でも、自殺企図の子どもの場合は例外である。以下に、ボイスの初期契約（INITIAL AGREEMENT）を掲載する。

Voice
getting young voices heard

　　　　　　　　　　　　　　　　　オフィス住所・電話番号
　　　　アドボケイトと若者の初期契約書
　　　若者の名前　　　　　　日付け
　　　参照番号　　　　　　　地方自治体
　　ボイスのアドボケイトの名前　　　スーパーバイザーの名前

若者が助けてほしい問題は何ですか。

若者が求める到達目標は何ですか。

苦情解決制度を利用していますか。
はい□　いいえ□
「はい」の場合はどちらかに印をつけてください。
ステージ1　□　ステージ2□

アドボケイトがしなければならないことは何ですか。

若者がしなければならないことは何ですか。
□約束に出席する。□住所や電話番号の変更を知らせる。
□他：

アドボケイトはいつケースから退きますか。

守秘義務の指針または記録について話し合いましたか。
はい□　いいえ□
スーパーバイザーの役割について説明を受けましたか。
はい□　いいえ□

問題を解決するために必要な場合に、地方自治体または他の団体によって作られた関係記録と書類を、アドボケイトが所持し読むことに同意します。

サイン（若者）　　　　　　　　日付：
サイン（アドボケイト）　　　　日付：

守秘義務
・あなたが提供した情報は、厳格な守秘義務を持って取り扱い、あなたの同意なしに他の人に開示しません。
・あなたと合意した情報のみを他の専門職や団体と共有します。
・あなたの状況について、スーパーバイザーを含むボイスの他のスタッフと話し合う必要があるかもしれません。彼らはすべての情報を厳格な守秘義務を持って取り扱います。
・もしあなたもしくは他の人が、危害を受ける可能性がある、または危険な状態にいることがあなたの話から分かり、緊急に対応する必要があると判断した場合にはあらゆる行動を取る必要があります。これにはそれまで明らかにならなかった深刻な犯罪の情報も含まれます。
・裁判所から命令された場合にも情報を共有する必要があります。
・これらの状況では情報開示が必要となるかもしれませんが、まずあなたにこのことを話し、一連の行動について合意できるように常に努力します。

> 記録
> ・あなたと私の間で話し合ったすべての記録をあなたは見ることできます。
> ・あなたのために書いた手紙や書類は、コピーを取ってあなたに渡します。
> ・ケース終了後、日々の記録をボイスの事務所に送り、あなたのファイルに保管します。
> ・要約、重要な手紙と書類はボイスの事務所でケース終了後6年間、または24歳の誕生日まで（どちらか長い方で）保管します。

　契約のプロセスを通して、ボイスに何を求めることができるのか、自分が話したことがどうなるのかを子どもは理解し、その上で相談することができる。また手元に契約書があれば、問題が生じた場合には改善を求めることができるというメリットがある。

　その一方で、ウィルトシャー州のバーナードでは契約書を交わさない。その理由について、ホーランはまず「契約書を交わさなくてもこれまで問題はありませんでした」と述べた上で、契約書の問題点について次のように述べている。

　　契約書にはちょっとした問題があります。もしアドボケイトが契約書をもってやってきて「これが私たちがやりたいことだね」と言い、子どもも自分の言い分を言って、契約書にお互いサインしたとします。それで、子どもはサインした契約書をどこに保存しますか。家に持って帰ったらきょうだいかママが読むかもしれません。あるいは学校で失くしてしまって、みんなが読むかもしれません。だから私たちは契約書から離れてきたのです（Horan, interview）。

　保護者でも友達でも専門家でもなく、独立したアドボケイトに相談するということは、誰にも知られたくない相談である可能性は高い。秘密が意図せ

ず漏れてしまわないように契約書を交わさないということである。

ボイスの場合は何をこれから行うのか、守秘義務や記録についてお互いの了承を取る意味で重要である。しかし、それが形に残るとそれが意図せずに漏れてしまう可能性も含まれている。どちらもメリットとデメリットがある問題である。

9　アドボカシーサービス提供の課題

第1に、地方自治体とアドボカシーサービスを委託しているチャリティー団体の契約が短いことが問題になっている。ウェールズの調査（Pithouseら2008）では契約期間が数カ月ということもあるという。ピットハウスらは、アドボカシーは電化製品のように「プラグをさしてすぐに始める」という類のものではないと指摘する（ibid：143）。スタッフの採用、トレーニング、子どもとの信頼関係の構築などアドボカシーを行うには時間が必要なのである。

第2に、地方自治体とサービス水準契約を結ぶということについては議論がある。サービス水準契約によって測定可能な目的、アドボケイト役割の明確化、そして子どもがサービスから期待できる守秘義務のレベルを設定できるとする肯定的な意見もある（CCfW 2003）。その一方で、資金提供者である地方自治体からサービス内容についての制限を受けると非難する声もある（Pithouseら2008）。本来的にアドボカシーとは行政など既存の組織から独立していることが重要である。にもかかわらず、独立性が損なわれるようなことがあれば本来の役割を果たせない。その意味で問題である。

第3に運営資金の不足である。ウェールズの調査では、ほとんどのサービス提供者が資金不足が課題だと述べている（ibid：140）。イングランドの全国調査（Oliverら2006：13）では、資金不足が原因でアドボカシーサービス事業を1名で行っている団体があるという。このような団体は、孤独とストレスを抱え、提供できる時間とスキルが限られるため不十分なサービスになっていると指摘されている。資金は、アドボカシーサービスの持続性、独立

性、平等なアクセス、仲介機関との協働を行っていく上で必要である。

第4に運営資金を地方自治体に依存していることである。行政と契約しているチャリティー団体は、アドボカシーサービス事業の資金を行政から得ている。独立性の観点から、運営資金を行政から得た資金のみでまかなうことは問題である（Boylan ら 2009）。大手のチャリティー団体であるボイスや全国青年アドボカシーサービスなどは、外部の財団から多額の資金を集め、行政委託の事業と共に独自のアドボカシー事業を行っている。しかし小規模の組織は資金不足のために、行政に依存していることは問題である。

資金問題が厳しい中、子ども政策に力を入れてきた労働党が 2010 年に敗北したことによって今後より影響を受けることになるだろう。2011 年現在、保守党は政府予算の大幅な削減に踏み込んでいる。今後の動向が注目されている。

資料9－1　独立アドボケイト養成の到達目標

到達目標1　子どもに独立アドボカシーを提供する
評価基準：志願者は次のことができる
1. 1　どのグループの子どもがアドボカシーサポートにアクセスしているかを分析する
1. 2　子どもアドボケイトの責任と役割を分析する
1. 3　子どもに共通した一連のアドボカシー問題を評価する
1. 4　共通したアドボカシー問題の範囲に応じる
1. 5　実践上、子どものアドボケイトが直面する一連のジレンマを認識する
1. 6　実践上のジレンマに対応する
1. 7　子どものセルフアドボカシーを支援する
1. 8　子どもが自分の願い、気持ち、望む方策を伝えるのを支援するために、技術を選択し適用する
1. 9　「最善の利益」と「願いと気持ち」を見分ける
1.10　サービスと実践者を律する関係基準を選択し適用する

1.11　子どもと話し合うための様々な方法を使う
1.12　行動、情緒的状態、気持ち、自信、ジェンダーのコミュニケーションへの影響を認識する
1.13　アドボカシー関係が終わるとき、前向きな終わり方にする

範囲

・グループ：障害児、育成を受けている子ども、ケアリーバー、ニーズのある子ども、精神保健ニーズのある子ども、セキュアユニットにいる子ども
・共通するアドボカシー問題：苦情、ミーティングへの参加、サービスへのコンタクトやアクセス
・基準：国の子どもアドボカシーサービス提供最低基準を選択し適用すること
・手法の多様性：言語的及び非言語的コミュニケーションを含む多様なコミュニケーション方法

到達目標2　子どもの権利促進のために、英国・欧州の法律及び国際法を活用する

評価基準：志願者は次のことができる

2.1　子どもに影響のある法律とガイダンスの、主要な原則とその効力を簡潔に説明する
2.2　保護と権利の範囲を確認するため、1989年と2004年児童法を使う
2.3　子どもの権利を促進するために様々な機会を活用する
2.4　要求する資格がある権利を若者に説明する
2.5　権利を要求する戦略により、若者をエンパワーする

範囲

・鍵となる原則：1989年と2004年児童法、子どもの権利条約、ワーキングトゥギャザー、1998年人権法

到達目標3　アドボカシーサポートの依頼に応じる

評価基準：志願者は次のことができる

3.1　子どもアドボケイトに照会できる人々を認定する

3.2　子どもにやさしい照会プロセスを実施する

3.3　一連の支援サービスへ照会する

範囲

・人々：子ども、親、養育者、ソーシャルワーカー、独立再検討官

・サポートサービスの範囲：カウンセリング、ソーシャルサービス、職業ウェールズ（Careers Wales）、ユースサービス、住宅協会など＋少年非行チーム

到達目標4　子どもが選択肢とその帰結を探求するのを支援する

評価基準：志願者は次のことができる

4.1　子どもサービス及び倫理的法的権利を確認するため英国、欧州の法律を利用する

4.2　子どもを個人として扱い、彼らの好む選択を受け入れる

4.3　子どもがインフォームドチョイスをするために、アドボケイトは情報にアクセスする

4.4　利用しているサービスについて苦情または意見表明を申し立てたい子どもを支援する

4.5　子どもが行う選択が短期的、中期的、長期的にどのような結果をもたらすことが予測されるのかについて、子どもが理解できるように支援する

範囲

・苦情：地方自治体苦情解決制度の段階（1989年児童法の下での）及び交渉から裁判所審査までの一連の選択範囲

到達目標5　一連の会議と意思決定過程において子どもを支援する

評価基準：志願者は次のことができる

5.1　一連の会議の目的と機能を説明する

5.2　一連の会議の中での、独立アドボケイトの役割を簡潔に説明する

5.3　一連の会議に参加する

5.4　子どもが一連の会議に出席するのを支援する

5.5　会議で子どもを代表する

5.6　一連の会議で子どもの声が聴いてもらえるように支援する

5.7　子どもが一連の会議の成果を評価するのを支援する

範囲

・会議：法定の再検討、子ども保護会議、FGC、苦情解決申し立てと苦情の会議など

到達目標6　専門家と関わる

評価基準：志願者は次のことができる

6.1　子どもアドボケイトの役割を関係する人々に説明する

6.2　子どもがよく接触する一連のサービスと制度を簡潔に説明する

6.3　意思決定に責任のある専門家へ子どもの意見や願いを代弁する

6.4　子どもを支援する一連の人々の役割と責任を簡潔に説明する

6.5　子どもに専門用語とその使い方を説明する

範囲

・人々の範囲：子ども、ソーシャルワーカー、里親、選出メンバー（elected members）、居住施設スタッフ

・サービスとシステム：ソーシャルサービス、保健、教育、少年司法

・人々の範囲：ソーシャルワーカー、裁判官、保護者、児童思春期精神保健サービスのワーカー、独立再検討官、パーソナルアドバイザー

到達目標7　子どもの安全を確保するために子ども保護システムを使う

評価基準：志願者は次のことができる

7.1　保護委員会を説明する
7.2　地域の子ども保護手順を簡潔に説明する
7.3　守秘義務を解除して情報開示をすることが適切なのはいつか認識するために、子ども保護の手続きを用いる
7.4　虐待についての情報開示または懸念に対応する

(出所) WAGら 2009a：7-9

第10章

社会的養護とピアアドボカシー
──ボイス・フロム・ケアの取り組みから

はじめに

　本章では、市民アドボカシーやセルフアドボカシーを基盤としたピアアドボカシーについて述べたい。イギリスにおける子どものためのピアアドボカシーサービスの一例として、ウェールズで独自のピアアドボカシーサービスを展開しているボイス・フロム・ケア（Voices from Care）の活動内容を紹介する。ピアアドボカシーの全般的な特徴や課題を提示したうえで、ボイス・フロム・ケアがどのような経緯で設立され、どのようなサービスを提供しているのか、またサービスが抱える課題について以下に述べる。

1　ピアアドボカシーについて

　まず、ピアアドボカシーについて、ボイランとダリンプル（Boylanら2009：103-5）に依拠してまとめたい。

　ピアアドボカシーは、アドボケイト自身がサービスを受ける側と似通った状況にある場合に成立する。例としては、アドボケイト自身がサービス利用者である場合、あるいはサービス利用者としての体験がある場合などが挙げられる。ピアアドボカシーは市民アドボカシーやセルフアドボカシーの原則に基づいているが、相互理解を通した人間関係のもとに成り立っている面で市民アドボカシーやセルフアドボカシーとは区別される。つまりピアアドボカシー提供者であるピアアドボケイトは、アドボカシーを受ける側にある個人や団体の経験について、「内部の者として」の知識を有しているのである

(Atkinson 1999)。こうした共通理解に基づいたピア・アドボケイトの方が、共有体験のない者によるアドボカシーよりも受け入れやすいという利用者も存在する（ibid 1999）。

　また、ピアアドボカシーは、メンターなどのピアサポートとも似ているが、「変化を及ぼすことを意図して、若者の見方を代弁する」（Harnett 2004：1）という点が異なる。

　ピアアドボカシーは団体により行われることが多く、集合的な形態をとることによって子どもは自分たちの問題について自らアドボカシーを行う技術、または団体を代表してアドボカシーを提供する技術を共に発達させる。1対1で個人に対して行われるピアアドボカシーはあまり報告されていないが、障害をもつ若者の分野では見られる。具体的には、聴覚障害者が聴覚障害をもつ若者へのアドボカシーを行う活動や、入居施設で障害をもつ若者が、施設内の障害をもつ若者へのアドボカシーを行う例などが挙げられる（Harnett 2004：2）。

　ピアアドボカシーを組織することは決して容易ではない。ハーネットが2004年にイギリスでピアアドボカシーを提供する4つのサービス団体を比較調査した結果、ピアアドボカシーを提供するサービスが抱える共通した基本的な問題点として、活動に関わる若者を勧誘・確保し、より多くの参加者を募る際の困難さが明らかになった（Harnett 2004：29）。ピアアドボカシーの活動への参加者を募るには、一定の時間を要する。新しいプロジェクトを開始する場合は殊に難しく、時には準備期間に3カ月から6カ月を要する場合もある。

　ハーネットの調査では、セイブ・ザ・チルドレン基金を資金源として発足した難民の子ども権利プロジェクト（Young Refugee's Rights Project）において、難民の子どもを対象にしたピアサポートを組織しようとしたところ、子どもたちが「難民」や「難民申請者」というレッテルを貼られるのを嫌がったため、参加者を募るのが困難であった例が報告されている。この問題を克服するためには、参加者を募る際に、まずそのピアグループがどのような趣旨・目的をもって活動をしようしているのかを明らかにすることが不可欠で

あるとの認識が同プロジェクトの職員によって共有された（Harnett 2004：29）。

　また、ハーネットの調査ではピアアドボカシーを組織する団体の会員・利用者が頻繁に替わるという問題点も明らかになった。そのため、「難民の子ども権利プロジェクト」では、参加歴の長い子どものための「中心グループ」と、活動を始めたばかりの子どものための「主要グループ」の2グループに分けて活動を組織する形式をとった。そして「中心グループ」は政治家への働きかけなどを行い、「主要グループ」では心理的サポートなどを中心とした活動を始め、参加期間が長い子どもは徐々に「主要グループ」から「中心グループ」にも参加する形をとることによりこの問題を解決した。

　その他、ピアアドボカシーを組織するにあたっては、ピアサポートの整った環境をつくること、ピアアドボカシーを運営していくこと、若者の声を発信していくことなど、さまざまな課題がある（Harnett 2004）。

　しかし、このような困難にもかかわらず、ピアアドボカシーの運営に成功している例もある。ウェールズで活動を行うボイス・フロム・ケアは、20年の経験を誇る団体である。

　ボイス・フロム・ケアは、ウェールズ議会政府が2008年にアドボカシー委託に関する調査を行った際、ウェールズのアドボカシー対策において、ピアアドボカシーとセルフアドボカシーは「非常に重要な要素」であることを認識するよう主張した（Boylanら2009：104-5）。その結果、ウェールズ議会子ども若者委員会は、「ウェールズにおける子どもと若者に対するアドボカシーサービス」（Children and Young People Committee 2008：15）に次のような勧告を盛り込んだ。

　　ウェールズ議会政府は、地域で活動するアドボカシーサービスが子どもを支援するのを助け、サービスを利用する子どもが、将来的には「セルフアドボカシー」や「ピアアドボカシー」を自ら行うことができるよう、アドボカシー部門においてアドボカシーサービスを対象とした研修を行うべきである。

次の節では、ピアアドボカシーの活動例として、ボイス・フロム・ケアの活動について紹介する。

2　ボイス・フロム・ケアについて

(1) ボイス・フロム・ケアのなりたち

ボイス・フロム・ケアの成立過程について、関連するウェブサイト（Voices from care 2010）より要約する。

ボイス・フロム・ケアは、ケア下にあった経験のある人々によって1993年にウェールズで設立したケア下にあった子どもをサポートし、彼らの声を発信するための組織である。

ボイス・フロム・ケアは、1979年に設立された「ケア下にある若者のための全国組織」（National Association of Young People In Care）にその起源をもつ。ボイス・フロム・ケアは、4年間に渡る若者たちによる活動の集大成であり、当時のケア体制における問題点について、独立した立場から助言・サポートを行ったおとなたちに支えられて発足した。ボイス・フロム・ケアは、イギリスの児童保護におけるケア体制において、現状を変えていく必要がある点について、次の分野を挙げている。

① 衣料を買うための補助金（Clothing allowance）の額を増やし、どこで自分たちの服を購入するかについて若者が自由に決められるようにする。
② 若者の声を聞く。
③ ケア下にある子どもたちに対するセクシャルハラスメント、人種差別によるハラスメントを減らす。
④ 苦情申立の手続きを改善する。

1980年代後半、「ケア下にある若者のための全国組織」における若者との

第10章　社会的養護とピアアドボカシー

会話によって、ケア下にある若者の全般的権利・利益の侵害に加え、身体的・性的虐待が多発していることが明らかになった。その後、ウェールズ出身のケア下にある若者たちを中心として、ウェールズのケア体制の下にある若者に限った組織を設立したいという声が上がった。こうして、声をあげた若者が集結し、「ケア下にある若者のための全国組織・ウェールズ支部」（National Association of Young People In Care Cymru, NAYPIC Cymru）が発足した。

「ケア下にある若者のための全国組織・ウェールズ支部」は、ウェールズ・グウェント州タイマウチルドレンズホーム（Ty Mawr Children's Home）で報告された数々の虐待についての弁明に着目し、それに対して行動を起こすために報道機関を通じてキャンペーン活動を行った。その結果、同ホームにおける虐待についての報告書が出版され、報告書ではタイマウチルドレンズホームを閉鎖するよう勧告が出された。「ケア下にある若者のための全国組織・ウェールズ支部」は、その後も発展し、地方自治体の育成を受けている若者の権利・利益を促進するための活動を継続した。そして、1993年3月、「声に出そう会議」（Speak Out Conference）によって、団体名を「ボイス・フロム・ケア」に変えることが、メンバーの若者により決議された。

その後もボイス・フロム・ケアは、ケア制度下にある若者への虐待に反対するキャンペーン活動を続けた。1997年には、ウェールズ北部の児童養護施設、全寮制学校で、若者を対象として起きた広範囲にわたる数々の身体的・性的虐待を検証するために発足したウェールズ北部裁定機関調査（North Wales Tribunal Enquiry）において、当時地方自治体の育成を受けていた若者の立場に立っての弁明を行った。

ボイス・フロム・ケアは、このような虐待を将来的に予防し、当時地方自治体の育成を受けている若者の処遇とその成果を全般的に改善することに焦点を絞って提言をするために招かれたのである。

(2) ボイス・フロム・ケアの活動内容

ボイス・フロム・ケアの具体的な活動内容について、ウェブサイトおよび

アドバイス・サポートマネージャーのフローリス（Floris, Interview）へのインタビューをもとに紹介する。

① 組織目標

ボイス・フロム・ケアは、地方自治体、営利・非営利団体のケア下にあった経験のあるウェールズすべての子どもを集結し、①機会の提供、②ケア下にあった子どもの状況改善、③子どもたちの声を反映させること、④子どもの利益の促進を実現することを目標としている（Voices from care 2010）。

② 構成

ボイス・フロム・ケアは、地方自治体の育成を現在受けている、あるいは過去に受けていた若者を対象または構成員として、ウェールズ全域にわたる活動を行っている。職員は、皆研修を受けたスタッフで構成されており、受付管理担当のスタッフ以外は全員、ケア下にあった経験があるスタッフによって運営されている。ボイス・フロム・ケアは、利用者自らが運営主体となる組織であり、ボランティアや理事会の構成員として、多くの若者が深く関わっている。ボランティアは、主に研修サービスを担当し、組織の核となる活動を行っている。こうして、ボランティアによって若者がサポートを受けてエンパワメントする有益な経験を得ることを目指している。

現在、理事会構成員には6名の若者が含まれており、6名の専門アドバイザーがサポートしている。運営管理に関する決定権を持つ理事会では、組織の主要な決定権は若者が持つようサポートしている。現在、ボイス・フロム・ケアは、チャリティー団体としての登録申請を行う準備を進めている。チャリティー団体として登録を受ければ、組織として資金集めの活動を行うことが可能になる。

③ 会員

ウェールズでケア下にある若者、あるいは過去にケア下にあった若者は誰でもボイス・フロム・ケアの会員になることができる。ボイス・フロム・ケ

アは、メンバーが自分たちで関心や興味のある問題について最新の情報を提供する体制をとっている。こうして若者のケア下での、あるいはケアから離れる際の生活する上での必要な情報を活動に反映させている。

④　資金

ボイス・フロム・ケアは、ウェールズ議会から80%の活動資金を得ている。ウェールズ地方にあるその他のアドボカシーサービスのように、地方自治体から委託や補助金を受けていないことにより独立性を保っている。その他の資金は、「BBCニーズのある子ども」(BBC Children in Needs)[1]や「コミック・リリーフ」(Comic Relief)[2]などのチャリティー団体や宝くじ協会（National Lottery）などから得ている。チャリティー団体からの助成金は、新しいプロジェクトを始めるのには役立つが、3年間など期間限定の場合が多いので、継続的な収入がないために助成金がなくなるとプロジェクトが行き詰まることもある。

⑤　キャンペーン活動

ボイス・フロム・ケアは、地方自治体の育成を受けた経験のある若者の状況を改善することに存在意義があると考える。そのため、他のチャリティー団体やメディアを巻き込み、適切な手段を駆使して若者に関わる問題についてのキャンペーン活動を行っている。

⑥　研究

ボイス・フロム・ケアは、現在、地方自治体の育成を受けている若者、または過去に受けていた若者が実際どのような経験をしているのかを知り、変更するべき部分を導き出すことが必要であると考えている。またメンバーや

---

[1]　BBCテレビが組織し、毎年11月にテレビ・ラジオ等のメディア活動により慈善キャンペーン・募金活動を行っている。「イギリスの恵まれない子どもたちにポジティブな変化を与える」ことを使命としている（BBC Children in Need 2010）。

[2]　1985年に設立され、貧困からの解放を目的に設立されたチャリティー団体。「娯楽の力によるポジティブな変化」を使命としている（Comic Relief 2010）。

ボランティアにそれぞれの経験や問題点について聞くことにより、独自の研究を行っている。これらの研究は、ボイス・フロム・ケアが行っているその他さまざまな活動にも役立てられている。

⑦ 研修事業

ボイス・フロム・ケアは、育成を受けている若者にサービスを提供するさまざまな機関や団体への研修事業を行っている。これらの研修は、実際にケア下にあった若者の経験や意見が貴重な情報源であり、彼らからの情報を通して若者たちが実際に直面している問題について洞察を深めることができるという事実に基づいて行われている。

研修事業は、現在、①教育、②雇用、③健康、④リービングケアのサポート、⑤コミュニケーションの5つの分野を軸としている。これらのサービスは、地方自治体の育成を受けている、または受けていた若者によって通知、運営されている。研修は、参加者それぞれのニーズに合わせて柔軟性をもって行われており、地方自治体の育成を受ける若者を対象にしたサービスを提供するチャリティー団体や政府運営の組織への若者参加を促すという課題を達成する糸口になることを目指している。こうして若者が研修を受け研修を企画実行し、地方自治体、チャリティー団体、教育機関などさまざまな分野において若者の声の反映を促進する機会を与えている。また、ボイス・フロム・ケアでは里親向けの研修も定期的に行っている。各研修にはケア下にあった経験のある若者も参加する。

⑧ アドバイス・サポートサービス

ボイス・フロム・ケアでは、育成を受けている、あるいは過去に受けていた人々にアドバイス・サポートサービスを提供している。アドバイス・サポートサービスでは、サポートスタッフが、若者の抱える問題について個別的サポートを提供している。相談内容は、住居問題、薬物、虐待、さまざまな会議において若者の意見を反映させるための手助け、ケアから離れる場合のサポート、教育、子育てなど、数限りない分野にわたる。アドボカシー

サービスという名ではなく、アドバイス・サポートサービスというサービス名を使用する理由は、フローリス（Floris, Interview）によれば、「アドボケイトという名称を使うと役割が限定されるため。また、広い意味でのサポートを提供するため」である。

アドバイス・サポートサービスが果たす役割は、いわゆるアドボカシーを提供する役割をはじめ、相談相手になるなど多岐にわたり、利用者とは家族のような関係を築いている。フローリスは、サービスを利用する子どもと職員との関係について次のように述べた。

> （子どもは、職員に対して）年上ではあってもお互いケア下にあったことがある点では平等というイメージをもっているようです。またケア下にあった経験の私たちのような者が、子どもたちにサポート・助言することを仕事にしているという点で、ロールモデルとしてみている場合があるように感じられます（ibid）。

ボイス・フロム・ケアのアドバイス・サポートサービスは、イギリスにおいて、最も守秘原則を尊重するサービスの1つであるといわれ、100パーセント守秘原則を唱っている。

アドバイス・サポートサービスで扱う相談内容、守秘原則については、後ほどさらに言及する。

（3）現在の活動内容

フローリスへのインタビューに基づき、ボイス・フロム・ケアの具体的な活動について、アドバイス・サポートに焦点を当て、事例を交えて見ていきたい。

アドバイス・サポートサービスに連絡が入るのは、子どもから直接ではなく、里親からの場合が多い。こうした場合、まず里親からの相談に応じて子どもの置かれている状況を詳しく把握し、その後、子どもにアドバイス・サポートワーカーとしてできることを伝え、子ども自身から同意と了解を得た

上でサポートを提供する。こうして里親と関わりを続けることにより、子どももアドバイス・サポートワーカーの役割やできることがわかってくるようになり、次第に子どもからも相談を受けるようになる場合が多い。里親からの連絡を発端としてサービスを提供した例として、以下に2つの事例を紹介する。

　事例1
　　ケア下にあるA（14歳）と6カ月間暮している里親より、「現在の里親の下で長期的に一緒に暮らすことができるのかどうかAが心配している」との相談が入った。アドバイス・サポートワーカーは、A担当の地方自治体子どもソーシャルワーカーに連絡し、Aの里親から連絡が入った旨を伝え、一定期間の間に、Aの今後のケアプランについて返事するよう求めた。これにより、Aのケアに関わる専門家は、皆現在の里親のもとに暮らすのがよいと考えているにも関わらず、現在の里親が民間営利里親機関に所属していることから地方自治体委託の里親よりも費用がかかるなど問題があり[*3]、長期里親として配置できるかどうかの決定が難航していることが判明する。アドバイス・サポートワーカーはこのことを相談者に伝え、地方自治体ソーシャルワーカーには、一定期間の間に返事がない場合には苦情申立制度に従い返答を求める方向であることを伝え関わりを続けた。
　事例2
　　学習障害を持つB（18歳）は、長期間地方自治体の育成を受けており、子どもの時から同じ里親のもとに暮らしている。アドバイス・サポートワーカーはBの里親より、「地方自治体のB担当ソーシャルワーカーは、

＊3　イギリスの里親委託支援機関には、公私機関が存在する。民間（Independent Sector）では、非営利（Voluntary）里親委託機関と営利（Private）里親機関があり、市場原理にゆだねられていて、公的・非営利・営利の3者を競争させて子どもサービス部は里親委託サービスを購入せねばならない。こうした公私里親委託機関は、ケア基準法に基づいた里親委託最低基準を満たした体制であるとOFSED（Office for Standards in Education, Children's Services and Skills）に認定され、初めて里親委託業務を行うことができる（津崎　2008：7）。

Bが18歳になったにもかかわらず、ケア下から離れる際に向けてのリービングケアプランを作成していない。私は、今後より自立した生活ができるよう手助けをしたいと思っているが、誰からもどのような方法でBをサポートすることができるかの説明がないため不安に感じている」との相談を受けた。アドバイス・サポートワーカーは、担当ソーシャルワーカーにBのリービングケアプランがなぜ作成されていないのかを問いただすと同時に、成人対象の障害者サービスとも連携し、Bの自立へ向けて里親へのサポートを依頼した。

ボイス・フロム・ケアにおけるアドバイス・サポートサービスでは、このような里親からの連絡に加え、子どもからの相談も受けるが、その場合の相談内容はさまざまである。相談してくる子どもたちは、自分がどのようなサポートを受けたいのかはっきりと認識している子どももいれば、非常に孤立しているために、言いたいことをあまり話さない子どももいる。どういうサポートを受けたいかが明確な子どもには、子どもの希望をまず聞いて、それによってどのようなサポートが提供できるのかを具体的に話し合う関わり方をするが、希望や疑問等を表現することが難しい子どもには、カフェや美術館に一緒に行くといった独立訪問員のような関わりをする場合もある。関わりの長さはケースによって異なり、場合によっては、3～4年間にわたって、または子どもが成人してからもボランティアとして引き続き関わる場合もある。

次の節では、子どもたちがどのようにボイス・フロム・ケアに関わっているかについて、またボイス・フロム・ケアの独自の取り組みについて述べたい。

(4) ボイス・フロム・ケアの独自の取り組みと子どもの参加状況

① 研修事業

多くの研修事業には子どもたちが大きく関わっている。フローリスによれ

ば、ボイス・フロム・ケアは毎年、約 200 名を対象に研修を行っている。教育機関を対象とした研修では、ウェールズ内にあるカーディフ大学・スウォンジー大学・バンガー大学の 3 大学でのソーシャルワーカー養成コース内の講義を行っており、1 講義につき 30 名から 40 名のクラスを担当する。大学の講義では、ボイス・フロム・ケアの活動についての紹介、グループに分かれての事例検討により、ケア下にある子どもと関わる中で適切なこと、適切ではないことなどについての討論を行う。その中でのボイス・フロム・ケアの若者の役割は、自分たちのケア下での経験について話すことではなく、学生と共にグループ討論に入って、グループが考えを深めるのを助ける役割を果たすことを目指している。討論の中で、学生が「あなたの体験はどのようなものだったのか」などの質問することによって、ケア下にあった時の体験についての話題に傾いてしまうことがあるため、ボイス・フロム・ケアでは講義に参加する際に、各自のケア下での体験を話すことを若者たちに求めるのは公正ではないととらえている。したがって、事前に若者と研修について計画する際には、討論では、自身の体験を語ることを目的とするのではなく、課題提供といった役割をとるように話している。

② ボランティアの活用

ボランティアとして関わる若者は、年齢が 18 歳〜23 歳位で、男女合わせて 20 名ほどいる。また、利用者であった子どもが成人してからもボランティアとしてサービスに関わる場合も多い。メンバーには、難民申請中にボランティアとして関わっている若者や学習障害をもつ若者もいる。ボランティアとして関わる若者の人種・エスニシティーは、大多数がウェールズ出身の白人であるが、ウェールズの人口比を反映している。[*4] ボランティア活動の内容は、大学のソーシャルワーカー養成コースでの講義に参加する、政府や地方自治体への提言を行う場合に当事者として参加するなど多岐に渡る。ボ

---

*4 　英国統計局（UK Statistics Authority）国勢調査（2010 年 9 月 25 日時点）によると、ウェールズ地方では自らを 96.3% は白人、1.6% はアジア系・アジア系英国人、2% はその他のエスニシティーと捉えている。（Welsh Assembly Government, 2010b））

イス・フロム・ケアのボランティアは、週に1回といった定期的な関わりではなく、頻度は、数カ月に1回や年に数回関わる程度の場合もある。家族的な付き合いを続けるのがボイス・フロム・ケアの特色でもあり、子どもたちが成人しても収入や人間関係などに問題を抱えている場合は、引き続きサポートを提供する。

③　守秘原則

　先にも述べたように、ボイス・フロム・ケアでは100%守秘原則を保証している点が、他の多くのサービスと異なる。地方自治体の子どもソーシャルワーカーをはじめ多くのサービス提供者は、守秘義務の限界として、子ども自身や他の人々に危険を与える疑いのある場合、「重大な侵害」を及ぼす恐れがある場合は、情報を他機関、他職種と共有せざるを得ないことを原則としている。

　しかし、ダリンプル（Dalrymple 2001：157）は、「多くのサービスは、守秘原則を保証しない限り子どもをひきつけ、助けることはできない」と記している。また、「子どもはプライバシー保障への願いと、おとなである専門家が守秘を貫くことのできる能力との狭間に引き裂かれ、最も助けが必要な時に助けを求めづらくなっている」とも述べている（Dalrymple 2001：151）。

　フィンランド以外のヨーロッパの国々では、「専門職の守秘」は、実践者が子どもへの危険を減らすことを怠らない限りは認められている。この原則は、実践者の専門的な立場、熟練技能、危険を減らす能力に対する信頼に基づいている（Dalrymple 2001：151）。

　ボイス・フロム・ケアのように、首尾一貫して守秘原則を守っている独立したアドボカシーサービスは、スタッフが組織構造に縛られ働きにくさを感じる際に、若者が声を上げる可能性を与える。（Dalrymple 2003：1047）。

　すなわち、ボイス・フロム・ケアは、制限付きの守秘原則を保障する児童虐待防止に関わるサービスやその他の組織からは完全に独立しているといえる。この活動に関わることを希望する若者は、サポートスタッフから、実務的あるいは情緒的サポートを受ける。ボイス・フロム・ケアは、ケア下にあ

る若者や、これからケアを離れる若者同士が出会い、その経験を共有する場所である。

　ボイス・フロム・ケアは、地方自治体の育成を受けた経験を持つ若者の意見や経験が、政策レベル、決定権行使レベルで反映されるように促し、さらには可能な限りケアシステム作成に関わる人々と直接話しあっていくことを目指している。

（5）活動の課題
　ボイス・フロム・ケアの活動の上での課題や困難点について、フローリス（ibid）は、次の点を挙げる。

　① 活動範囲
　ボイス・フロム・ケアの活動範囲はウェールズ全土にわたるため、移動距離の長さや活動範囲に対しての職員数不足が問題点として挙げられる。以前は、北ウェールズにもボイス・フロム・ケア支局があったが、資金が続かず活動終了となったため、現在ではウェールズ全土からの相談を受けている。

　② 活動への参加者
　ボイス・フロム・ケアが、活動を広げていくためには、ボランティアなどを通して活動に関わる若者を募ることが必要である。しかし、活動の趣旨に賛同していても、なかなか活動に関わる段階までつながらない場合が多い。また、子どもが活動に参加を希望しているにもかかわらず、ケア下にある子どもは行動の制限があるため、外出のためにソーシャルワーカーからの許可が必要である、また交通費がかかるなどにより、参加へのハードルが高い場合もある。また、ピアアドボカシーとしての活動を通して、子どもたちが積極的に声をあげやすいと感じられる環境づくりが大切である。

　③ 他組織との連携
　ウェールズには、全国青年アドボカシーサービスやトロスガナルといった

アドボカシーサービスを提供している他の団体があるため、それらの機関と連携をとりより適当なサービスへの結び付けを行っている。例えば、ボイス・フロム・ケアへ10歳未満の子どものアドボカシーサービスに関する問い合わせがあった場合、カーディフ地方自治体から事業委託を受けているトロスガナルを紹介する場合が多い。また、ボイス・フロム・ケアは子どもの年齢に上限がないため、トロスガナルを利用している若者がケアから離れる場合や21歳以上になる利用者などについては、両団体でケースを協働する場合もある。また、子どもによっては、全国青年アドボカシーサービスやトロスガナルからアドボケイトのサービスを受けていたが、地方自治体とのつながりに不満を抱き、より独立した運営形態をとっているボイス・フロム・ケアを訪ねてくる場合もある。

　一般的に、アドボカシーサービスについて、多くの若者は地方自治体から独立していること、距離を保っていることが大切であると捉えている（Pithouseら 2007b：209）。また、よいアドボカシーの提供者として、時間、資源、情報を与えること、話を聞いてくれること、サポートし、その過程で一緒に居てくれることが挙げられるが、これらを満たすことができる団体として、若者たちは独立したサービスに価値を見出している（Noon 2000）。ボイス・フロム・ケアは、他のアドボカシーサービス機関とも連携を深めるために、3カ月に1回勉強会を開き、政策についての話し合いをもつなど情報交換を行っている。

　④　情報の共有
　ボイス・フロム・ケアは、地方自治体のサービスからは完全に独立した立場から、若者の立場に立ったピアアドボカシーならではの幅広い活動を展開している。しかし、その独立性は活動の理念・特徴であり利点でもあるが、地方自治体との契約がないためにサービスを利用する子どもの抱える問題について、地方自治体から十分な情報が得られない場合もある。

　このような状況を踏まえて、今後サービスを向上していくためにボイス・フロム・ケアが取り組んでいくべき課題を考えると次の点が浮かび上がる。

① 資金・スタッフ数の増加。
② 地域にある他のアドボカシーサービスのそれぞれの特性を尊重しつつ連携を深める。
③ 現在活動に関わる、または関わる意思のある子どもが自由に発言し活動できるように働きかける。
④ ボイス・フロム・ケアの活動をより広め、子どもがサービスを受けやすい環境・制度を整える。

おわりに

　本章では、ウェールズでピアアドボカシーを行うボイス・フロム・ケアの活動を紹介した。「当事者主体のアドボカシーの考え方では、当事者の意思（自己決定）こそが尊重される」（堀2009：22）ことを鑑みると、子ども自身、あるいは子どもの時ケアを経験した者によるピアアドボカシーがいかに子どもにとって力強いサポートになる可能性をもつかが分かる。また、地方自治体から独立した組織体制を持つボイス・フロム・ケアのようなサービスは、100％守秘原則等の独自の体制により子どもの望みにより沿ったサービスを提供している。ピアアドボカシーサービスが、資金等の課題を乗り越え、他サービスとの連携を強めて、独自の、子どもの立場に立ったアドボカシーサービスを展開していくことが望まれる。

第11章

障害児とシステムアドボカシー
——障害児協議会の取り組みから

はじめに

　福祉サービス利用や学校教育等と関連して1人ひとりの子どもを支援するケースアドボカシーは、子どもの権利の実現を阻害する制度の問題に直面する可能性がある。それゆえイギリスで子どもアドボカシーサービスを提供しているチャリティー団体は、1人ひとりの子どもにアドボカシーサービスを提供すると共に、システムアドボカシーをも不可欠な活動として展開している。

　本章ではまずシステムアドボカシーとは何か、そのケースアドボカシーとの関係を整理する。その上で、子ども自身の参加と意見表明に様々な障壁が存在する障害児のシステムアドボカシーに取り組んでいる障害児協議会（Council for Disabled Children;CDC）の活動を通して、子どものセルフアドボカシーを基盤としたシステムアドボカシーの具体的な実践を紹介する。それを通して子どもアドボカシーにおけるシステムアドボカシーの意義について考察する。

1　システムアドボカシーとは

　アドボカシーには個人や家族を対象とし、その利益が当該個人・家族に帰属するケースアドボカシーと法律、制度、政策、社会システムといった公共性の高いものの構造的変化を志向し、その利益が特定の集団・階層・階級に帰属するシステムアドボカシーの二つの類型がある。

子どもアドボカシーにおいて、ケースアドボカシーのみでなくシステムアドボカシーが不可欠である理由について次のような指摘がある。

・危機的な状況にいると見なされる子ども達は質の低いサービスを受け続けている。
・子どもへのサービス向上を求めて働きかけるアドボケイトの活動がなければ不平等は継続する。
・必要なサービス改善を促進するにあたって制度を改革することは重要な役割を果たす。
・実施過程についての独立した監視があるときにだけ、制度改革は子どもの利益になるやり方で実施される（Design for Change 1983）。

　また課題基盤アドボカシー（ケースアドボカシー）とシステムアドボカシーの関係は、図11－1のように整理される。この図から明瞭なように、問題を抱えたシステムの下では、子どもが直面している課題の根本的な解決は不可能であり、また子どもの参加と意見表明も阻害される。それゆえシステムアドボカシーの必要性がケースアドボカシーから示唆され、同時に変革すべき具体的な問題も提示される。その結果システムアドボカシーによって構造的な問題が改善されると、ケースアドボカシーもより良く進むようになる。そしてまたケースアドボカシーによって改善すべきシステム

図11－1　アドボカシー理解のモデル

子どもが経験する問題の根本原因は制度にある。制度改革は個別課題のより良い解決を支援する

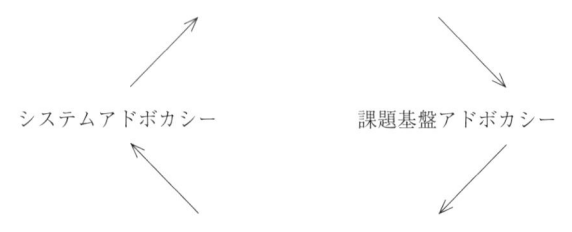

システムアドボカシー　　　　課題基盤アドボカシー

現行のシステムの下では多くの個別問題の解決が不可能である。課題基盤アドボカシーはシステムアドボカシーの必要性を提示し、どのような変革が必要かを教えてくれる。

（出所）Office of the Child Youth and Family Advocate 1997：3

上の問題が提示される。このようにして循環が進んでいくのである。

　ケースアドボカシーとシステムアドボカシーを同一団体が行う必要性があるか否かについて研究者の見解は一致していない。両者を同じ団体が行うのは非生産的であるという人もいる。一方前章で検討したボイス・フロム・ケアの活動等を通して、同一団体が行うことの意義と必要性を主張している人たちもいる。

　いずれにせよ、ケースアドボカシーとシステムアドボカシーは不可避的に連関しあっているものであり、どちらか一方だけでは子どもの権利実現は不可能なのである。

2　障害児協議会の成り立ちと活動

　障害児協議会は全国子ども事務局（National Children's Bureau）の活動部門の1つである。全国子ども事務局はネグレクトされた子どもとその防止への社会の関心の高まりを反映して1968年に設立されたイングランド・ウェールズ・スコットランドにまたがるチャリティー団体である。現在では270人のスタッフを擁し、子ども達の生活のすべての側面を向上させるために活動している（National Children's Bureau 2010）。

　障害児協議会は「障害児のために活動している様々な団体のイングランドにおける傘下組織で英国内の他の地域とも連携している」と説明されている。また活動目的は次のように記されている。

　　特別教育ニーズ（Special Educational Needs）[*1]を持つ子どもとその家族に関係する全国的な政策に影響を与えるために障害児協議会は活動し

[*1] 特別な教育的支援を必要とする学習困難を持つ場合、特別教育ニーズがあると定義される。ここでいう学習困難は以下のものを指す。
・同年齢の子ども達と比べて学習に相当の困難を持つ。
・同年齢の子ども達に提供されている教育施設を使用することが困難な障害がある。
・義務教育において上記の定義にあてはまるか、特別な教育的支援が提供されなければあてはまる可能性がある場合（Tassoni 2003：4）。

ている。障害児の主体的参加を促進し、彼らの声とサクセスストーリーが聞かれるようになることを私たちはめざしている（CDC 2011a）。

障害児協議会にはバーナード、チルドレンズソサエティのような全国的な団体から地域的な小団体までイングランドとウェールズの50以上の団体が加入している。その38%は障害児のみを対象、36%は障害児者を対象、26%は障害児を含んだ子ども全体を対象としている。多くの団体を束ねる傘下組織を作ることにより、個々の団体が働きかけるより強力に政府に対して働きかけ、政策に影響を与えることをめざしているのである。

障害児協議会の具体的な活動は以下のようなものである。

①政府に働きかけることと政策策定団体に参画することを通して、障害児と特別教育ニーズを持つ子どもに関係する政策の発展に影響を与えること。
②障害児、特別教育ニーズを持つ子ども及びその家族へのサービス提供と支援において、政策を実現するために政府諸機関・地方機関・サービス提供団体に働きかけること。
③障害児サービスの優れた実践例を収集し、メディアや出版物を通して政策と実践に関する情報を発信すること。
④障害児の権利の特定の側面に焦点をあて個人・団体を結びつける専門ネットワークを支援する。全国親のパートナーシップネットワーク、「私たちの声を聴いて」（Making Ourselves Heard）ネットワーク、特別支援教育協会、移行期情報ネットワーク（CDC 2011b）。

上記以外に障害児問題に関する世論喚起と政策促進を目的とした「すべての障害児は大切」運動の事務局を務めている。

非常勤5人を含む25人のスタッフで上記の仕事を分担しており、年3回すべての傘下団体の総会を開催する。また実務的な問題を扱う運営委員会があり、会議は年3回開かれる（Martin, interview）。

第11章　障害児とシステムアドボカシー

　本章では障害児協議会の中核的な活動である子どもの参加・意見表明の促進とシステムアドボカシーに焦点を当てて実践を紹介しその意義を考察する。

3　障害児協議会の活動への障害児の参加

(1) 活動目的とプロセスへの障害児の参加

　障害児協議会が事務局を務める専門ネットワークの1つに、「私たちの声を聴いて」ネットワークがある。そのウェブサイト（CDC 2011c）には、活動目的が次のように記されている。

　　障害児自身が政府と政策策定者に直接働きかけることにより障害児の「意見を聴取される権利」を実現し、また障害児の声とサクセスストーリーが聞かれるようにするための全国的なプロジェクトである。
　　具体的には、以下の項目における障害児の能動的な参加が達成されることを目的としている。
　　障害児に直接影響を及ぼす決定／地域社会の発展／サービスの戦略的計画／国家政策／障害児協議会のすべての活動

　障害児協議会参加担当上級開発係のマーティン（Martin, interview）は、活動の要素を以下の3つに整理している。

　　第1の要素は、障害児協議会のすべてのプロジェクトに、障害児自身が影響を与えることができるようにすることです。第2の要素は、私たち以外の組織がより良く障害児の声を聴くことができるようにするために障害児の参加を促進すること。そして政府の政策に障害児が影響を与えることができるようにするために、障害児の声を全国的に伝えることです。

203

このような障害児協議会の取り組みは、他の組織が障害児の声を聴き、政治や政策、組織や活動のあり方が変わることをめざす典型的なシステムアドボカシーなのである。

そして、その際重要なのが、目的として障害児の参加の促進を掲げているだけではなく、活動のプロセスや方法においても徹底した当事者参加が貫かれている点である。マーティン（Martin, interview）によれば、「このプロジェクトを始めるにあたって、『障害児の参加』の定義を書くよう求められました。しかしおとなの専門家が参加の定義を考えるのではなく、80名の障害児自身に彼らにとっての参加の意味を聞きました。それをまとめてポスター（図11－2）を作成し、それをプロジェクトの土台にしました」という。ポスターには、「私たちを尊重して」「最初から参加させて」「私たちの声を聞いて」「私たちを楽しませて」「率直で正直でいて」「意見を言う時間を保障して」「私たちみんなを参加させて」「私たち自身で決められるように支援して」等の子どもの声が書かれている。さらにそのポスターを3万枚以上印刷し各団体に配布し障害児の声を伝えようとしたのである。

図11－2 「障害児の参加」ポスター

（出所）CDC 2011d

（2）障害児協議会の活動への障害児の参加

　障害児協議会の活動には様々な側面で障害児が参加している。障害児のためにおとなが代弁するのではなく、障害児自身が活動に参加しおとなと一緒に社会を変えていく主体であると障害児協議会は認識している。そうしたあり方を保障するのが障害児協議会への障害児自身の直接参加である。

　参加は、次の図11－3にあるように4つの方向で行われている。

　まず組織運営である。2009年3月の時点で、障害児協議会の運営委員会（理事会）には4人の障害のある若者が参加しており、そのうち1人は障害児協議会の副代表である。当事者の意見が障害児協議会の組織運営と活動全体に影響を及ぼしているのである。「障害児の求めるものをスタッフが専門家として推測するのではなく、障害児自身の意見を聞くことが重要」と考えられているからである（Martin, interview）。

　また障害を持つ若者コンサルタントが、出版物を発行したりイベントで発言したりする活動にスタッフとともに関わっている。

　さらに障害を持つ若者のコンサルテーション／フォーカスグループもある。スタッフが定期的に相談したり、意見を求めたりするためのグループである。

　若者大使（Young ambassador）の活動は2010年1月から始まったもので

図11-3　障害児協議会の活動への障害児の参加

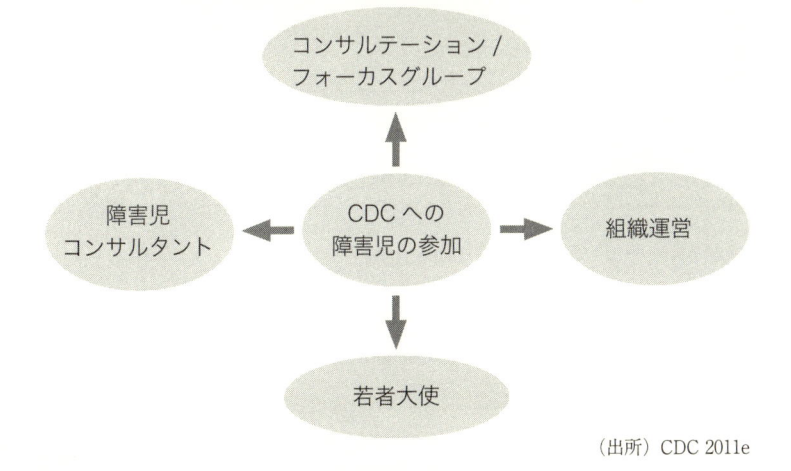

（出所）CDC 2011e

ある（CDC 2011f）。全国から参加した12人の障害を持つ若者が、障害児が個人として尊重され意思決定に参加できる社会をめざして活動している。「意思決定に参加する・障害児の平等を実現する・権利のための運動を行う」技術を向上させるため若者大使は定期的に集まりを持っている。このグループの運営は2名のおとなスタッフと障害を持つ若者コンサルタントによって行われており、当事者のコンサルタントはロールモデルとして重要な役割を果たしている（Martin, interview）。

4　障害児の参加の基盤

イギリスで障害児の参加の基盤となっているのは、すでに批准している2つの国際条約である「子どもの権利条約」と「障害者の権利条約」である。国内には「障害者差別禁止法」、政策文書『障害児の自己実現に向けて』（Aiming High for Disabled Children）、政策文書『若者の自己実現に向けて』（Aiming High for Young People）がある。

障害者差別禁止法は、雇用・教育・商品・建物・サービスへのアクセス・土地や建物の売買／賃貸に適用される。機会平等の促進、違法な差別とハラスメントの根絶、障害者への肯定的な態度の促進を含む「障害平等義務」が公的機関には課せられている。この義務の核心は、障害平等計画とアクションプランの開発のために障害者自身の参画を必須とするということである。この法律は福祉サービスと学校にも適用される。

政策文書『障害児の自己実現に向けて』の3つのビジョンの一つは「アクセスとエンパワメント」であり、福祉・保健・教育サービスの計画と提供に障害児と家族が能動的に参加することを求めている（DfES 2007）。政策文書『若者の自己実現に向けて』でも、若者を支えるための3つの手段の一つにエンパワメントが掲げられ、若者のサービスへの参加が規定されている。

このような政策の下で障害児協議会が行っている「私たちの声を聴いて」活動の意義をマーティンは次のように述べている。

「私たちの声を聴いて」は、障害児と家族へのサービスを向上させるために新たな資源を政府から得られるように、また障害児の生活向上のために法律を変えるようにロビー活動を行うことをめざす運動です。また地方自治体に働きかけて、政府が決めた障害児施策を実施させる運動でもあります。その影響により、7億1000万ポンド（約959億円）の新たな資金が、政策文書『障害児の自己実現に向けて』によって、地方自治体とプライマリケアトラスト*2 に提供されるようになったのです（Martin, interview）。

5　障害児のサービス計画・提供への参加

「私たちの声を聴いて」運動は、地方自治体及びその関係団体と共同で、障害児のサービス計画・提供への参加方法を探求するため8回のセミナーを行った。その成果は『私たちの声を聴いて——障害児参加の探求』（Making Ourselves Heard 2009）という冊子にまとめられている。この節では、その冊子に基づいて、障害児協議会が求める障害児のサービス参加の概要を紹介する。

セミナーの目的は「①すでにある良い実践を明らかにし、今後の発展の出発点にすること。②障害児の参加を根づかせる上での課題や困難を明らかにすること。③行動と発展のための鍵となる領域を明らかにすること」（ibid：3）であった。

まず障害児の参加を妨げるバリアが、①時間や資金等の資源の不足、②関係団体の参加に関する知識・理解の不足、③関係団体の組織・構造上の問題の3つの観点から特定された。その上で、障害児の参加は次のように3つのレベルに整理され、それぞれについて実践事例が収集・分析された。

＊2　地域ごとにある公益法人。イングランド地方では150余ある。国の医療費（NHS予算）の75％が配分される。適正な治療が行われているかの監視、自殺対策、肥満予防、禁煙、薬物対策、虐待予防なども仕事（朝日新聞 2008）。

①障害児が生活の中で発言すること－個人レベルの参加

　障害児は日常生活に関わる意思決定に参加するために支援を受けている。障害児が自分で選んだり決めたりできるように自己信頼を高める支援を行うといったインフォーマルな方法と、再検討会議のような公的な場への参加の支援の両方がある。

②障害児がサービスに影響を与えること－サービスレベルの参加

　障害児の声が、利用しているサービスに影響を与え変化を促す。

③障害児が戦略的計画に影響を与える－戦略レベルの参加

　障害児の声が、サービスの戦略的計画に影響を与え変化を促す（ibid：3）。

　①の「個人レベルの参加」に関しては、「子どもが参加できるようにエンパワーする／コミュニケーションと参加を支援するツールを開発する／評価／観察／アドボカシー／ピアモニタリング」（ibid：14-7）が参加を促進する要素としてあげられている。そして良い実践事例のひとつとして、チャリティー団体のチルドレンズソサエティが作成したポスターとディスカッション用カードである「私の人生・私の決定・私の選択」が示されている（図11－4参照）。このポスターと

図11－4　「私の人生・私の決定・私の選択」ポスター

（出所）The Children's Society 2007

カードには、意思決定にあたってどのような権利があるかが障害児にわかりやすく描かれており、意思決定のための話し合いの道具として使うことができる。障害児はそれによって、自分の意見や気持ちを容易に表現することができるのである。

　②の「サービスレベルの参加」に関しては、「職員採用・若者調査員・評価サービス・若者トレーナー・アドバイザリーグループ・学校評議会」が実践事例としてあげられている（ibid：18-21）。たとえば職員採用とは、障害児自身が市職員採用の際に面接を行ったり審査に加わったりすることである。若者調査員とは、障害のある若者自身が現在行われているサービスについて調査を行い、その改善のために意見を表明することである。カルダーデールメトロポリタン市では、Youth4Uという若者調査員プロジェクトを行っている。視覚障害・感覚障害・特別教育ニーズを持つ若者を含む30人の若者を雇用し、サービスへのアクセス・若者の利用しやすさ・利用者の満足度に焦点を当てて調査を委嘱している。その調査結果は、「みんな違って、みんな大切」という市の政策となりサービス改善に利用されている。

　③の「戦略レベルの参加」に関しては、「若者フォーラムとアドバイザリーグループ・おとなの会議への若者代表の参加・若者機会ファンド・コンサルテーションによる戦略への影響・障害児の参加への資金提供・地域計画」が良い実践事例としてあげられている（ibid：22-8）。たとえばチルドレンズソサエティPACTプロジェクトでは、地域の学校における障害を持つ生徒のインクルージョンを促進するためにDVDとブックレットを作成している。このDVDとブックレットは障害を持つ若者自身の経験に基づいて作られており、車いすを使用する生徒がアクセス可能な学校をどのように作るのかということと、障害者に対する肯定的な態度を健常児ニーズのように育成するのかということについて具体的なアドバイスをしている。DVDとブックレットは多くの学校で使用され、障害者差別禁止法に基づいて差別のない学校をつくるために何をすればよいのかを学ぶ出発点となっているのである。

　以上のようにサービスの計画と提供の過程において障害児自身が意見表明

し、影響を及ぼすことができるようにすることが、障害児協議会のシステムアドボカシーの目的の一つである。

6 政策への障害児の参加と意見表明

(1)「すべての障害児は大切」運動

　前述のように、障害児協議会は「すべての障害児は大切」運動の事務局を務めている。この運動は、政策文書『すべての子どもは大切』を意識して、障害児にも健常児と平等にすべての権利が保障される社会の実現をめざしている。ホームページには、「すべての障害児は大切」に関して次のように書かれている。

　　「すべての障害児は大切」は、すべての障害児のために権利と正義を獲得することを目的とする運動である。
　　「すべての障害児は大切」は、障害児のために活動している主要な4団体――コンタクトアファミリー・障害児協議会・メンキャップ・特別支援教育協会――によって運営される連合運動組織である。これらの団体は全英で77万人以上の障害児を代表している。
　　「すべての障害児は大切」は、2006年に結成され、現在も中央政府及び地方政府に障害児に関する問題を政治課題として取り上げるように働きかける運動を行っている。
　　「すべての障害児は大切」は、結成以来34000人の個人的支援者を獲得し、200人を超える国会議員によって支えられている。こうした人たちと協力して、私たちは、家族政策の中心に障害児を位置づけるように政府に圧力をかけ続けている（EDCM 2011a）。

　また「すべての障害児は大切」の運動目的は次のように書かれている。

　　「すべての障害児は大切」は、中央政府及び地方政府に対して次のこ

とを要求する。
- 障害児とその家族に対してサービスへの新たな権利と通常の生活を送ることができる支援を提供すること。
- これらの権利が実現するようにするため、新たな資源に資金を振り向けること。このことは政策文書『障害児の自己実現をめざして』に基づくファンドを通して実現すること。
- 障害児と家族に優先権を与え、彼らが受けているサービス向上のために協働すること（ibid）。

「すべての障害児は大切」は、ショートブレイク[*3]、健康、子どもの貧困、教育、参加、住宅の各問題に取り組んでいる。地方自治体のソーシャルサービス部門及びプライマリケアトラストを対象に、「すべての障害児は大切」の要求を集約した憲章を作成し署名を求めている。イングランドの半数を超える99の地方自治体及び81のプライマリケアトラストが現在これに署名しているのである（EDCM 2011b）。

（2）もし1つ変えられるとしたら（If I could change one thing）

「すべての障害児は大切」は、障害児の声を盛り込んだ報告書を作成し、それを中央政府に届けている。2007年の報告書では、国中の障害児800人に「もしあなたが1日首相になって、1つ変えられるとしたら何を変えますか」という質問をした。トップ3は「もっと楽しいことができるようにしたい、もっと尊重されるようにしたい、みんなが権利として良い教育を受けられるようにしたい」ということであった（EDCM 2007a：3）。

また障害児とは別に、500人の保護者に、「障害児と家族のために1つ変えられるとしたら何を変えますか」という質問をした。保護者のトップ3は「援助を得るために闘わなくてもいいようにする、地域社会で一緒に生きられるようにする、子どものニーズに合った教育を見つけられるようにする」

[*3] 家族の休息と障害児が多様な経験をできるようにするためレスパイト活動を保障すること。

であった（EDCM 2007a：3）。

　この結果をもとに子どもと保護者別々の報告書を作り、子どもの声を集めたDVDも作った。そこには、子どもと親の生の声とともに、それを基盤とした政府への勧告も記されている。これを持って政府への運動を行ったのである。

　子どもの声のトップであった「もっと楽しいことができるようにしたい」では、「友達と映画やランチに行きたい」、「友達とフットボールに行きたい」、「親の付き添いなしに外出するための支援が欲しい」等の子どもの声が寄せられた（EDCM 2007a：4-5）。特に重要なのが「いろいろな場所をもっとアクセスできるようにしたい」ということであった。たとえば「地元の映画館にエレベーターをつけて欲しい。みんなは毎週映画に行くのに、私は車いすなので一緒に行けない。映画館に苦情を書いて送ったことがあるけど、彼らは無料招待券を送ってきただけだった。30段も階段があって映画館に行けないのに、バカにしている」（ibid：5）という16歳の若者の声が掲載されている。こうした声をもとに、「すべての活動と公共の場所を障害児にアクセス可能にする方策を各自治体の子ども計画が明示するように指導すること」、「すべての大型公共施設には障害児が利用できるトイレを設置すること」などを政府に求めている（ibid：5）。

　「もっと尊重されるようにしたい」では、「障害者の平等を促進する強力な法律を制定する」、「障害者への平等に関してすべての教師と生徒に訓練を行う」ことが要求されている（ibid：7）。「みんなが権利として良い教育を受けられるようにしたい」では、「教員に対して障害者差別と特別教育ニーズについての研修を行う」こと等を求めている（ibid：8）。さらに「すべての障害児が希望する時にアドボケイトを得られるようにすること」も要求されている（ibid：9）。

（3）行きたい場所に行く（Going Places）

　2007年度に最も要望が多かった「もっと楽しいことができるようにしたい」を2008年度には集中的に取り上げた。「あなたがもっとしたいことは何

ですか、行きたいところはどこですか」という質問をした。多くの障害児が「他の子ども達と同じことを同じ場所でしたい」と回答した。しかしそれを妨げる障壁が存在することも子どもの声からわかった。子ども達が「これがあればいろいろな活動に参加できる」と考えているトップ3は「スタッフと他の子どもの障害児への肯定的な態度、歓迎されアクセスすることができる遊びと活動、アクセス可能で安価な交通機関」であった。この結果を、子どもの声と勧告を含めた報告書、運動のための提言書、子ども版報告書、DVDにまとめ、中央政府及び地方自治体への要求運動を行った（EDCM 2011c）。

　報告書には、スタッフや他の子どもの態度と関連して、「時々迷惑がられているように感じる」というある障害児の言葉を掲載している（EDCM 2008：6）。他の子どもからのいじめや差別的な態度、スタッフの無理解に傷ついた経験を多くの障害児が持っており、このことが地域での遊びや活動に参加する最大の障壁になっている。そうした障害児の経験をもとに、「地方自治体は、直接提供するか公費を投入しているサービスが、障害児者への平等を促進するようにすること。それには障害児のために働くすべての職員に障害平等研修を行うことも必要である。また障害平等計画を、障害児へのいじめを根絶し積極的な態度を促進するために、障害児の参加の下に発展させること」（ibid：7）等を勧告している。

（4）変革のための障害児マニフェスト（Disabled Children's Manifesto for Change）

　イギリスでは2010年5月に総選挙が行われた。その選挙に向けて、政党のマニフェストの中に障害児の権利の実現を盛り込ませるための運動が行われることになった。しかし障害児協議会の活動に関わっていたある子どもが「政党が障害児のために代弁したり、マニフェストに僕たちの要求を書いたりしてくれるなんて無理だと思う。だから僕たち自身でマニフェストを書かないか」と発言したことから、障害児自身によって次の政権への自分たちの期待、要望をまとめた『変革のための障害児マニフェスト』が書かれること

になった（Martin, interview）。

　言葉を話さない子どもを含めた50人から60人の障害児の声を聞き、それをもとに要望書とDVDが作成された（ibid）。要望書はチルドレンズソサエティやバーナードのような全国的な子どものためのチャリティー団体をはじめ障害児団体等多くの団体に支持された。それをイギリスの3つの主要な政党である保守党・労働党・自由民主党の党大会に持って行き、子ども達自身が直接議員や大臣に手渡し伝えた。感銘を受けた議員と子ども達が後日会合を開き、議員にさらに大きな影響を与えることができた。また障害児協議会の2万人におよぶ支援者も、各地の議員にこのマニフェストを送り働きかけた（Martin, interview）。

　マニフェストは私たちの望むこととして「尊敬・コミュニティ・参加・教育訓練」の4つのパートに分かれ、16の要望が掲げられている。それらは表11-1のように説明されている。

　以上のように、他の子ども達と同じように、尊敬され、普通に生活し、普通の活動の中で役割を果たし、学校に通い、仕事について自立できるようにして欲しいということが、障害児の次の政府への要望であった。

表11－1　障害児マニフェストに挙げられた要望

尊敬－人々が障害児を理解し尊敬するようにしてください。
・サービスが障害児への平等を促進するようにしてください。
・他の子ども達と平等になるように法律と政策に障害児の権利を盛り込んでください。
・地方自治体と子どもトラストがいじめをなくすようにしてください。
・障害児が参加して作られた障害平等計画をすべての学校が備えるようにしてください。
・私たちが自立生活できるようにしてください。

コミュニティ－私たちがコミュニティで役割を果たし、他の子ども達と同じことができるようにしてください。
・私たちに関係する問題に対して私たちが意見を言えるようにしてください。
・すべての若者サービスを私たちが利用できるようにしてください。
・他の子ども達と同じ活動に私たちが参加し役割を果たせるようにしてください。
・私たちのために働く人たちが私たちをきちんと理解し、私たちがしたいことを助けてくれるようにしてください。
・私たちがひとりで旅行できるように訓練を受けられるようにしてください。
・すべての公共交通機関の職員が私たちを理解し、手伝えるようにしてください。

> 参加－普通の生活ができるように支援するサービスにしてください。
> ・保健職員が保健のニーズについて私たちときちんと会話ができ、保健ケアに関する決定に私たちが参加できるようにしてください。
> ・必要な時にアドボケイトを利用できるようにしてください。
> ・ちゃんとした家に家族と一緒に住めるようにしてください。
>
> 教育訓練－私たちが望む教育と仕事が得られるようにしてください。そして他の子ども達と同じ訓練が受けられるようにしてください。
> ・学校から排除されることなく必要な支援が自然に受けられるようにしてください。
> ・学校と大学が障害児教育に積極的になるようにしてください。
> ・一般就労して自立生活ができるようにしてください。
> ・職場で雇用主が障害を持つ若者を支援できるようにしてください。

(出所) EDCM 2010

7 「市民としての障害児」の権利実現をめざして

　このように徹底して障害児の声に依拠しながら、政府や地方自治体、サービス提供団体に働きかける強力な運動を展開していることが障害児協議会の特徴である。

　障害児協議会から学ぶ第1の点は、ケースアドボカシーとシステムアドボカシーが連携することで当事者の権利を擁護・実現する具体的な活動のあり方を力強く示していることである。社会福祉の観点からは、アドボカシーはソーシャルワーカーの専門技術の一つとされるが、その基盤には一般の市民によるボランタリーなアドボカシー活動がある。とりわけシステムアドボカシーは、広範な市民の組織化されたボランタリー活動がなければ、進展することは困難である。

　英国での市民のボランタリーな活動としてのシステムアドボカシーの源流は、教区の自治活動の歴史に求められる。具体的には、慈善組織化運動（Charity Organization Society Movement）[*4]の流れとセツルメント活動[*5]など

[*4] 19世紀末、イギリスにおいて無差別施与による救済の乱れを防ぐために、慈善組織協会により行われた活動。非組織的な形態であったがために起きた濫給・漏給を組織化して合理化しようとした点で意義は大きく、各国の慈善事業に大きな影響を与えた（中央法規出版編集部 2001：190）。

[*5] 公共団体、社会福祉援助者等が、スラム街、工場街に住み込み、住民の生活を援助

を源流としている。

　その後、第2次世界大戦後の英国社会保障制度拡充の提案である『ベヴァレッジ報告』に「ボランタリーアクション」という用語の提起があり、戦後のさまざまなチャリティー団体によるシステムアドボカシーの発展につながっている。本書で検討してきた、1人ひとりの子どもの参加と意見表明を支援する独立アドボカシーサービス発展の背景には、市民による組織化された福祉活動、言い換えれば福祉への市民参加の長い伝統がある。

　障害児協議会の活動から学ぶ2つ目は、子どもの参加権の保障をめざすアドボカシー活動は、目的だけではなく活動の過程や方法においても子どもの参加が推進されなければならないということである。参加とは何かということをおとなの専門家が定義し子どもに押しつけるなら、子どもの参加を促進するという目的自体と矛盾することになる。子どもの参加とは何かを子ども自身が定義し、その実現を支援することこそ参加と意見表明を保障する能動的アドボカシーのあるべき姿である。その意味で、アドボカシーの本質はセルフアドボカシーにこそあると言うことができる。

　第3は「自己の意見を形成」したり「表明」したりすることに制約や不利益がある障害児も、他の子ども達と同様に権利行使主体として尊重し、参加を促進しようとしている点である。第8章2で述べたように、障害児は子ども差別と障害者差別という2重の差別を受けている存在である。そうした子ども達への差別と闘い、参加と意見表明を保障しようとするならば、意識と制度の双方の変革に向けた働きかけが不可欠になる。そしてその背景にあるアドボカシー活動を行うスタッフの人間観や権利意識、コミュニケーション能力が問われることになるのである。

　　する活動をいう。また、そのための宿泊施設、託児所等の施設をいう。歴史的には19
　　世紀後半のイギリスにおけるトインビー・ホールに端を発する。その後、アメリカでの
　　ハル・ハウス、日本でのキングスレー館等、世界各国に運動は発展した（ibid：344）。

終章

英国における子どもアドボカシーサービスの発展と今日的課題

1 英国における子どもアドボカシーの発展

　国連子どもの権利条約は子どもの参加権を保障するための重要なツールである。条約には参加に関する規定があり、「子どもの生活に関係する決定において、子どもには意見を聴取される権利がある」と規定する第12条を含んでいる。まさにこの条文が、英国における独立子どもアドボカシーサービスの原動力であり根拠なのである。イングランドとウェールズの『子どもアドボカシーサービス提供のための全国基準』（DoH 2002c：WAG 2003b）は、このサービスが第12条の影響を受けたものであることを明記している。1991年に英国は権利条約を批准したが、この批准がサービス提供の公的領域と家庭生活の私的領域の双方において、参加能力を持った主体的市民として子どもを認識する子ども観の発展を促した（Franklin 1995）。それゆえ英国全体において根幹となる法律（イングランド及びウェールズ1989年児童法、スコットランド1995年児童法・北アイルランド1995年児童規則）に条約は影響を与え、子どもサービスに関する専門職の仕事に子どもの参加権の保障を含む意思決定の枠組みを導入したのである。それらの法律は欠点がないものではなかったし、英国内の4つの国は子どもサービスの発展に関してそれぞれの歴史的経緯がある。しかし各国の一連の政策と法律の枠組みの導入によって、意見が聴かれ尊重されるべき社会的主体でありかつ自分自身の生活の専門家として子どもが認識されるようになったという点では共通している（Jamesら1990）。英国におけるアドボカシーサービスは、おとなによる「子

どもの最善の利益の保障」という観点ではなく、「子どもの権利とエンパワメントの保障」という観点から出発しているのである。

　スカンジナビア諸国には子どもオンブズマン事務所が存在しており、英国同様子どもの権利に強く焦点をあてたアドボカシーが行われている。しかし他のヨーロッパ諸国においては、独立アドボカシーの概念はまだまだ新しいものである。オーストラリアとカナダの独立アドボカシーは、それぞれ独自のものではあるが、英国の独立アドボカシーと近いものである。一方、いくつかの国、とりわけ米国では、訴訟過程と直接結びついたアドボカシーを提供するために善意に基づいた法的アプローチが採用されている。

2　英国における子どもアドボカシーサービスの基本原則

（1）独立アドボカシーの意味と4つの基本原則

　アドボカシーは広くは「他者を支援すること、または他者のために発言すること」と定義でき、「法的アドボケイト」を意味するラテン語の「advocatus」を起源としている（NSPCC 年号記載なし）。（通常は弁護士により行われる）法廷におけるアドボケイト等の法律サービスに関する公的支援の伝統的方法は、クライエントの利益を代表し、彼らの利益のために発言し、彼らの権利を守ることである（Wertheimer 1996）。アドボカシーはまた、親や養育者の自然な役割の一部であり、友達や親戚や同僚などを支援したいと願う誰もが行えるものでもある。社会サービス、保健サービス、教育においては、「クライエントの利益のために発言すること」は、子どものために働くすべての専門職の基本的技術であると認識されてきた（Boylanら2009）。しかしながら「子どもの最善の利益」の観点から意思決定をしなければならない役割を同時に担っている専門職は、子どもの意見と願いを擁護することに困難を感じるかもしれない。それゆえ子どもの生活に関する決定が行われる際に子どもを支援するための、独立アドボケイトによる専門のアドボカシーサービスが発展してきたのである。子どもの生活に関わる専門職や他のおとなによって行われる一般的なアドボカシーとは異なり、専門アドボケイトには特

別な権限と責任があり、それらはアドボカシーの意味を批判的に検討することを通して理解できるのである。アドボカシーの過程には次の4つの基本原則がある。

・独立性・守秘・サービス利用者主導・エンパワメント（City &Guilds 2009）。

これらの原則を検討することにより、アドボカシー実践の発展および課題について議論するための有益な枠組みが明らかになる。子どもアドボカシーの様々な定義はどれもこれらの原則を含むものであり、また独立アドボカシーが発展しつつある概念であることをも示している。それゆえ本章では、これら4つの基本原則をめぐる問題の探求を通して、英国におけるアドボカシーの発展と課題を明らかにしていきたい。各項目はイングランドとウェールズの『子どもアドボカシーサービス提供のための全国基準』（DoH 2002c：WAG 2003b）の引用から始める。

(2) 独立性

アドボカシーサービスは、可能な限り、委託団体から独立して資金調達し運営される。それで、アドボケイトは子どものために働き、すべての利害対立から自由であると子どもは信じることができる。(『子どもアドボカシーサービス提供のための全国基準』基準6)（DoH=2009：179）

サービス提供に関する独立アドボカシーの発展は、1980年代の成人サービスユーザーの運動を通して彼らの経験から影響を受けた。障害者と精神保健システムのサバイバーは、独立アドボカシーの開拓者として広く知られている。貧弱なサービス提供、差別、社会的不平等についての自分たちの経験を聴くように求めてきたからである。彼らの運動の結果、周縁化され抑圧された集団が発言するための方法として——すなわち福祉サービス利用者と提供者の関係において経験される不平等な権力関係に挑戦するためのツールと

して——独立アドボカシーが確立されたのである。それゆえアドボケイト及び福祉サービス利用者は、福祉サービス提供団体からの独立性が、制度の中で声を上げる必要がある人々を支援する有効なアドボカシー実践に不可欠の基本原則であると認識している。アドボケイトが地方自治体から独立していることを子どもははっきりとわかっていて、そのことが子どものアドボケイトへの信頼と関係に影響を及ぼしている（Chase 2008,Crowley ら 2008, Oliver 2005, Morgan 2008）。このことと関連して、子ども権利ディレクターの調査に回答したある若者は、「アドボケイトとは何か」を次のように的確に要約している。すなわち「（アドボケイトは）正直で、信頼でき、魅力的であり、独立していなければならない」（Morgan 2008：22）と彼は述べているのである。

　おとなに対するアドボカシーサービスが（主として知的障害者と精神保健サービスユーザーの間で）1980 年代に発展したのに対して、子どもに対する独立アドボカシーは近年発展してきた。1989 年児童法と 2004 年児童法は、ケアに関する意思決定に子どもが参加する権利があると規定している。1989 年児童法は、ニーズのある子どもの希望と気持ちを確かめ考慮することを地方自治体に求めている。イングランド保健省が 1998 年にクオリティ・プロテクツ計画を立ち上げた時に、サービスを利用する若者の「希望と気持ちを確かめ考慮する地方自治体の責任」は強化された。この計画には「子どもと養育者は彼らの生活に関わる決定に参加すべきであり、彼らをサポートする独立アドボカシーを利用できるようにするために資金を提供しなければならない」と規定されている（DoH 1998）。クオリティ・プロテクツ計画は、「子どもが意思決定に参与するとき、より良い結果がもたらされる」という理解に基づいている。また「十分な年齢と理解力のある子どもは、自分自身の安全と福祉を確保するために何が必要かについて多くの場合明確な見通しを持っている」（DoH ら 1999：77）という認識に立っている。

　公的ケアの下で育成を受けている子どもへの虐待に関する、注目を集めた一連の調査の結果、子どもへの独立アドボカシーサービス提供はさらに発展した（Carlile 2002;Waterhouse 2000：DoH 2000）。生活の中でのナチュラルア

ドボケイト(両親や養育者)から引き離された子どもはもとより、公的施設で暮らしているために力を奪われている(disempowered)子どもも、ニーズと懸念を表明するために独立サポートにアクセスする必要があることが明確になったのである。加えて、ケアに対する苦情申立を希望する子どもには、独立アドボカシーへのアクセスが不可欠であることが認識された(Children's Rights Development Unit 1994：Utting1997)。その結果、子どもには苦情申し立てをする権利がある(1989年児童法)ということだけでなく、その申し立て過程において独立アドボカシーサポートを利用する権利がある(DfES2003b：WAG2003c)こともまた、現在では法律に明記されているのである。独立アドボカシーを運営し促進する仕組みには違いがあるが、英国の4カ国すべてにおいて独立アドボカシーは同じように発展してきたのである。

しかし意思決定において子どもの参加を保障することの重要性が強調されるようになってきたにもかかわらず、もっともはっきり意見表明ができる子どもでさえおとな主導の意思決定過程の中で意見表明することは困難であり、若者であっても有効な参加をするためには独立アドボカシーが必要な場合があるということが明らかになったのである。

たとえば英国では、再検討会議(Boylan 2008)、児童保護会議(Wyllie 1999, Dalrymple 2008)、ファミリーグループカンファレンス(Lawsら2008)といった子どもの生活に深く関わるプロセスにおいて、子どもは周縁化され力を奪われていると感じている。このことについてある子どもは「会議の間ずっと攻撃されているように感じるから(アドボケイトと)一緒の方がいい。アドボケイトは私の意見をみんなに伝え、みんな私が何を望んでいるかを聴いてくれるから」(Boylan 2008：16)と説明している。

子どもに対する独立アドボカシーサービスは、それゆえ、このような状況に置かれた子ども達の経験に応えるものとして発展してきたのであり、若者をサポートするための独立アドボカシーにアクセスするニーズは、今や政府の政策にも明記されている。

　　保護過程における子どもと家族の参与は助言とアドボカシーサービス

によって支援され、地域的・全国的サービスに関して常に情報提供が行われなければならない。独立アドボケイトは、独立性と守秘を持った情報、助言、代表、支持を提供する。そして児童保護会議や裁判手続きのような公的な場において子どもたちが自分の意見を伝えられるようにするために、適切な情報と支援を保障するにあたって、不可欠な役割を果たす（DSCF 2010b, para 105）。

しかしながらアドボカシー提供団体の課題の1つは、独立性を維持し続けることである。アドボカシーサービスは各地域のまたは全国的なNGOが提供するか、地方自治体が直接提供するかどちらかである。地方自治体はサービス水準契約を結ぶことにより、アドボカシーサービスをNGOに委託する。このサービス水準契約は、サービス提供制度からの独立性を維持しつつ、制度の中にアドボカシーを効果的に位置づけるためのものであると言われてきた。アドボカシーを制度の中に効果的に位置づけることは重要ではあるが、一度位置づけられてしまうと、抵抗対象である制度に組み込まれてしまうことになるという点が問題である（Goodley 2000：Payne 2000）。独立アドボカシーの資金調達のありかたが、この問題に拍車をかけている。アドボカシーサービスの資金源は地方自治体からのものと、他の公的資源からのものと、NGOの自己資金の組み合わせである。あるいは地方自治体とNGOの自己資金（通常20－30%）の組み合わせである。ところがイングランドのアドボカシーサービスに関する調査（Oliver 2008）によれば、アドボカシーサービスの半数以上がすべての資金を地方自治体から得ている。このような状況下では、委託元である地方自治体からの独立性を維持し続けるのに多くの問題があると推測される。事実ウェールズにおける調査（Pithouseら2008）は、「地方自治体の資金に依存しているアドボカシー提供団体は、ほとんどあるいは全く独立性を保っていない」と指摘している。しかしながらオリバーら（Oliverら2006）は「アドボカシーサービスを自分たちが行っているサービス提供の一部だと認識している地方自治体がある一方で、役割と組織運営を明確に区別することによってアドボカシーサービス提供団体の独立性を保護

している地方自治体もある」ということを見いだした。とは言え、地方自治体のオフィスの立地、運営・スーパービジョン体制、参加の文化によって、独立性は強められたり弱められたりしているのである。

(3) 守秘

アドボカシーサービスは高レベルの守秘を行い、守秘義務に関する方針を子どもが知ることができるようにする。(『子どもアドボカシーサービス提供のための全国基準』基準7)（DoH=2009：181）

興味深いことに、アドボカシーサービスの地方自治体からの独立性の程度を資金のあり方が規定しているという事実は、アドボカシーサービスが子どもに提供できる守秘義務のレベルにも密接に関連しているのである。英国中で守秘義務を巡る問題は決められた手順に従って取り扱われており（Wattam 1999, Dalrymple 2001)、そのことにより保健、教育、ソーシャルワーク、アドボカシー実践における守秘義務の限界とその方針の発展がもたらされた。英国においては「重大な侵害」という概念が子どもと家族の生活への強制介入を正当化する境界線であり、守秘義務はその枠組みの範囲内で運用される。その結果、子どもが重大な侵害を受けている、あるいは受ける恐れがあると推測する合理的理由がある場合には、専門職は守秘義務を破ることになる（1989年児童法第31条）。それゆえ守秘義務は絶対的なものではなく限界がある。すべての、あるいはほとんどの資金を地方自治体から受け取っているアドボカシーサービス提供団体にとって、より高い守秘義務を設定するように交渉することができる場合もあるとはいえ、地方自治体が設定する守秘義務を遵守することがどこでも資金提供契約の一部とされている。

このような守秘義務の手続き的アプローチには、守秘義務の限界があるがゆえに子どもがアドボカシーサービスの利用を控えるという問題がある（Wattam 2002：Dalrymple 2003）。子どもが信頼して情報を分かち合い、その結果「専門的守秘」(professional secret)[*1]を採用することができるように

＊1　「専門的守秘」は、「専門職者に課された倫理的義務で、仕事上クライアントや患者

するためには、より高い守秘義務が必要であるということを認識しているヨーロッパの国々もある。専門的守秘は、子どもと共に働く関係を専門職が発展させることを可能にするものである。フィンランドでは、このような高い守秘を採用しているサービスに、子どもがアクセスできるようにする法律をもっている。たとえばフィンランドのオンブズマンは、「法律によって専門的守秘が義務づけられている」（Molander 1996：577）。しかしながら、英国内にはどこにもそうした法律はない。

　子どもサービスに関する様々な見解が競合している現状は、独立アドボカシーにおける守秘の原則にも影響を及ぼしている。子どもの権利に関係する保護主義者と解放論者の論争、とりわけ生活における主体的参加者としての子どもの権利を巡る論争は、この原則の複雑さを反映したものである（Boylanら 2009）。子どもの権利条約もまた、これらの課題を反映している。保護主義者は、たとえば自律の観念、すなわち何人かの著者たちが論じている「子どもにおとなと同じ責任を負わせるのは重荷である」という観念に焦点を当てている（Hafenら 1996）。他方、解放論者の観点からは、子どもの権利条約は歓迎すべきものである。なぜなら尊重され聴取されるべき意見を持つ資格が子どもにはあるということを条約は認めているからである（Hart 1992：Lansdown 1995）。子どもの福祉を守るというおとなの義務に加え、ニーズとリスクの基準によって、政府の強制介入を認めている英国の児童保護制度は、これらの逆説を助長している。意思決定の過程において主体性を保持しながら、保護を目的に設計されたサービスに子どもはアクセスしなければならない。そのために、子どもが自分の生活に影響を及ぼしたいと願う時、問題が発生するのである。平等と尊重という概念によって影響を受けた権利論の言説は、子どもを強力な立場に位置づけた。それゆえ「意思決定の場において意見表明できるようにするために、独立アドボカシーにアクセスするニーズが子どもにはある」という見解に立つであろう。他方、ニーズに

から得た機密情報を他者と共有しないこと。」と定義される。この表現は、弁護士と相談者間、キリスト教聖職者と信仰者間における「罪の告白」において、また時には、医師と患者間の関係においても用いられる。（原注）

関する言説は欠乏に関する言説であるということが論じられてきたし（Hillら1998）、それゆえ保護主義者の言説が「独立アドボカシーにアクセスする権利」という主張を支持することはないであろう。

　守秘義務を巡るおとなの議論がどうあれ、子ども達は「誰に話すべきか」という意思決定にあたって、守秘義務を重要な判断材料としている（Crowleyら2008, Dalrymple 2001）。その上、子どもが感じる信頼関係の程度に、守秘の原則は独立性と共に影響しているのである。このことは全国基準の「付記A」において認識されており、そこには「提供されているサービスが社会サービスや他の委託団体から独立しているということを子どもに証明するような方法で、アドボケイトは守秘基準を運用する必要がある」と規定されているのである（DoH 2002c：16）。若者たちのアドボカシーの理解を見ても、この論点が繰り返されていることが分かる。

　　「私は彼女（アドボケイト）に自分の生活のことは何でも話すし、彼女が誰にも言わないことを知っています」（'Sarah' in Boylan 2005）。
　　「アドボケイトは、いつでも言ったことや、秘密は守るべきです」（young person in Morgan 2008：22）。
　　「私が話すことができる人です。話したことはその場のみのこととして扱い、一歩部屋を出たら他の人には話しません。話しをする時、それは大切なこととして捉え、それに対して何かしてくれます。障害があるとか里親養育を受けているかなどは問題ではありません。私たちを特別な存在として扱ってくれます」（Sally, age 15 in Knightら2008）。

（4）若者主導

　　アドボカシーは、子どもの意見と願いによって導かれる。（『子どもアドボカシーサービス提供のための全国基準』基準1）（DoH＝2009：171）

『子どもアドボカシーサービス提供のための全国基準』冒頭の上記の文言は、「子どもアドボカシーの中心となる価値は、アドボケイトは子どもの声を代

弁するということである」と規定している。この基準において大切なことは、子どもがアドボカシーの過程において主導権をもち、その関係においても子どもが相手をリードするということである。こうしたアドボケイトと子どもの関係は独自なものである。なぜならアドボケイト以外の専門職が子どもと関わる場合には、おとなとして、専門職として子どもにとって最善の利益であると判断する事柄に焦点を置いて意思決定を行うからである。次に述べるアドボカシーの定義は、こうしたアドボカシー関係の重要性を要約している。

> （アドボカシーとは）……最大限の権利を保障するために、利害対立がほとんど、もしくは全くない者によって、相手の意見や懸念を見出し代弁する過程である。さらに明確にいえば、アドボカシーはアドボケイトとアドボケイトが支える人との間の、特別なあるいは独自な関係の下に成り立っているのである（Handerson ら 2001：vi）。

また若者によるアドボカシーの定義から、多くの子ども達とアドボケイトの間に築かれた関係の重要性を垣間見ることができる。アドボケイトは子どもの声であり、子どもが望むことのみを代弁するのである。

> 「アドボケイトは、（子どもを）助けるためにいるのであって、アドボケイト自身の願いや思いが入る余地はない。アドボケイトは若者が望むことに賛成しない場合もあるかもしれないが、それでも若者が望んでいるのならば、それに従わなくてはいけない。」〔若者〕（Boylan 2005：9）
> 「アドボケイトは、とても大切な存在である。子どもが必要としているものを理解し、会議で何を発言するのかについて話し合うためには、相互の関係性が築かれていることがとても重要である。」〔若者〕（Morgan 2008：22）

つまり、ある子どものためのチャリティー団体の案内にも書かれているように、アドボケイトは子どもの心そのものではなく、彼らの考えを操るので

もなく、むしろ子どもと協働することにより彼らの考えを言語化するのである（NSPCC 年号記載なし）。アドボケイトは子どもが自身のストーリーを語ることができるよう、重要な専門家として子どもとの意義のある対話を重ねる。そしてその過程において、子どもの置かれている状況がよりよく理解されるようになり、より創造的に子どもと協働する方法が見出されるようになるのである。

このような方法で子どもと共に働くアドボケイトの課題は、アドボケイトを軽視するような専門家の態度に遭遇する場合があることである。子ども支援のために設計されたサービスの中で、子どもの地位を向上するために子どもの側に立つ時に、このような態度に遭遇するのである。他の専門職にしてみれば、アドボケイトのこのような立ち位置を理解するのは難しいのである（Dalrymple 2005）。このような状況においては、おとなが支配的な関係をつくりその関係を維持している構造を明らかにすることが、アドボケイトの役割の一部であるかもしれない。そのことによって、おとな、特にサービスを提供する立場の者が、普段どれだけ子どもの声を聞くためのコミュニケーション空間を作っているかについて問題提起するのである。

(5) エンパワメント

独立アドボケイトの発展を促した主な理由の1つは、特定の状況において、子どもが無力な立場におかれているということである。たとえば貧困、エスニシティ、障害、セクシュアリティ、移民管理局に定められた立場、居住地などにより基本的権利を否定された子どもは、本来持つ力を弱められ不利益を被っている（Children's Rights Development Unit, 1994）。また宗教、メンタルヘルス、ジェンダー、あるいはケア下にあるなどの社会的な違いにより、子どもがそれぞれのもつ可能性を最大限に発揮することが難しくなっている。抑圧を受けた子どもの経験を理解することは非常に難しい（Clifford 1995）。しかし子どもが生活における様々な状況において抑圧を経験していることに気づくことは、理解への手掛かりとなる。たとえば、公式な意思決定のための会議は、子どもにとって「怖い」、無力さを感じさせる経験である（Dalrymple 2009)。ソーシャルワーカーとその他の専門職が最善の努力を尽くしたとしても、アドボケイトも含めて誰とも話したくない気持ちに子どもをさせることが、子どもへのサービスにはあるという事実は軽視されるべきではない。しかしこれまでに紹介した3つの原則、すなわち①独立性②守秘③若者主導に立つならば、アドボカシーがエンパワメントへと発展する可能性はある。

エンパワメントの概念は、アドボカシーの多くの定義によって明らかにされている。

> 常に人間関係の中に存在してきたアドボカシーは、エンパワメントの過程であり、多くの形態がある。それは自身のために声を上げることが困難な人々が声を上げるのを助け、意思決定に関わることを可能にする方法である。概して、その人の意見を代弁し、その人の権利を行使し保障することを助けることである。(Weafer 2003)

「アドボカシーは人間関係における一定の形であり、どんな人でもアドボケイトを必要としたりアドボケイトとしての役割を果たす可能性を認めている」という本章の最初に示した認識に、この定義は立脚している。しかし子どもが本来持っている力を弱める働きであるディスエンパワメントの影響を考えると、主体的な市民権を促進することができるように子どもの声と団体を支援するという実務的な仕事を、アドボカシーは越えていく必要がある。子どもが声を上げるという考えは、おとなと子どもの力関係に異議を申し立てるということである。しかしこれは同時に、サービス利用者とサービス提供者の力関係を調整する重要な役割をアドボカシーが果たすことをも意味する（Samuel 2002）。以下のアドボカシーの定義は、これらの概念をまとめ、アドボカシーの役割について次のように述べている。

> （アドボカシーは）子どもをエンパワーし、社会資源を活用することを可能にする。子どもアドボカシーは、子どもの地位を高め、彼らに影響を与えている制度が子どもにより良く対応し責任を果たすものになるよ

うに働きかける。アドボカシーは、子どものために行うソーシャルアクションによって成り立っており、自己決定力を高めるか、あるいは子どもたちが利用する権利をもつ社会的、教育的、医学的資源の質を向上させることでもある。子どもアドボカシーは資源を再配置するために権力関係を再分配しようとするものであるから、本来的に政治的行為である（Melton 1987）。

アドボケイトにとっての課題は、エンパワメントの原則への理解や認識がない制度の下で、自分が子どもを支えていることに気づくことかもしれない（Boylan ら 1999）。そしてアドボカシーは「子どもサービスの仕事では、時にはありがたくない、しばしば都合の悪い訪問者」（Pithouse ら 2008：139）として見られることがある。子どものためのサービスは、制度化されたディスエンパワメントの構造を通して、子どもの発言権を色々な場面で奪っている。これは、アドボカシーいう仕事は孤立したものであることを意味する。ウィルソン（Wilson 1995：147）は、「アドボケイトと情報を共有することに興味を示さないケアサービス内で、たった一人のアドボケイトの手でその壁をゆっくりと崩していこうとする過程は、多大な時間を要し疲労を伴う作業であり、大変な葛藤との戦いでもある」とこの孤立を表現している。これは、15年前の文献からの言葉であるが、現在のアドボケイトにもあてはまることである。しかしながら、これまでのアドボカシーサービスの発展と、独立アドボカシーを子どもが利用する必要性が英国の政策・制度上で認識されたことを鑑みれば、「生活に影響を与える意思決定の場面で声を上げる権利が子どもにはある」という考え方の普及に、エンパワーを促す可能性を持つアドボカシーが貢献してきたと言えるであろう。

3　英国における独立アドボカシーの展望

アドボカシーと子ども権利サービスが設立された当初、両サービスは「過去10年間の中で最も有益な発展の一つである」（Utting1997：111）との高い

評価を受けた。しかし本章で述べてきたアドボカシーが直面する課題によっても明らかなように、児童福祉サービスの中でアドボカシーの考え方を発展させていくことは困難である。アドボカシーサービスができた当初、ジェンキンス（Jenkins 1995）は、英国における子どもの権利のための本当のアドボカシーを発展させるには、PRAISE（賞賛）が必要であると述べた。

　PRAISE の内容は、Political will（政治的な意図）、Resources financial, human and material（経済的、人的、物質的資源）、Agencies with a power base（権限をもつ事業者）、Investment in information and education（情報提供と教育のための投資）、Support networks（サポートネットワーク）、Engagement with key issues（主要な問題への取り組み）である（Jenkins 1995：49）。

　ジェンキンスのモデルは、英国における今後のアドボカシーを考える上で、有用な枠組みとして活用できる。子どもに対して真剣に向かい合うという英国政府の「政治的な意図（Political will）」は、最近では、イングランド子どもコミッショナーの役割の見直しに関する出版物によって強化された。単に子どもコミッショナーが必要であるというだけではなく、子どもの権利条約を実施する政府の責務に沿って、子どもの権利を基盤とした確固たる役割をコミッショナーは果たすべきであることも勧告されている（Dunford 2010a）。この報告書の勧告は政府によって受け入れられた。この評価を行ったダンフォード（Dunford 2010 b）は次のように希望的な見解を述べている。

　　子どもたちに会っていても意見は聞かないという時代は、とうの昔に過ぎた。私が提案する新たな子どもコミッショナーのより強力な役割は、多くの子どもたちが既に行っているように、子どもが社会において積極的な役割を果たすことを助け、また危害から守るものである。この子どもコミッショナーの新しい役割は、子どもコミッショナーが子どもの権利を保障、促進する責任があることを法律上明らかにし、政府からのより確固とした独立性を保つことによってのみ実現される。

「イングランド子どもコミッショナーは、子どもの権利条約を実施する政

府の責任を問わなければならない。」と勧告している点が、ダンフォードの報告書で興味深い点の一つである。つまり報告書の勧告を受け入れることにより、政府は新しい政策や法律を作成する場合、子どもの権利条約の条文との適合性を十分に考慮する責任を負うということである。この勧告は、イングランド子どもコミッショナーが信頼のおける強固な、子どもの権利のための独立アドボケイトとなり、さらには英国の子どもの生活を改善するための力のある声となることを求めるものである。子どもがすべての潜在能力を開花させ、自分の将来を形成する力を獲得できるように保障する意向を英国政府は表明している。

　しかしながら昨今の政権交代により、政府およびボランティア団体による子ども家庭サービスへの大規模な経費削減が実施されたことは、「資源（Resources financial, human and material）」維持において大きな問題と逆行を招いた。力のある独立アドボケイトが子どもの権利を推進し、子どもたちの意向・意見を擁護することへの理解を、現在の政府は会談の中で示してはいる。しかし2010年10月に出版されたダンフォードの公費支出に関する調査結果によれば、政府内およびボランティア団体への経費削減により小規模NGOの多くは経営を続けることが困難になり、問題を抱えるアドボカシーサービスも出てくるであろうことを示唆している。最新の「イングランドにおける子どもの権利の状況」（CRAE 2010）によれば、経費削減の中でも子どもサービスを守っていく固い意志を英国ソーシャルワーカー協会に対して2010年11月までに表明したのは、全地方自治体の20%に過ぎなかった。イングランドの子どものチャリティー団体を対象とした会員制組織である「チルドレン・イングランド」（Children England 2011）の調査によれば、こうした状況下でも経営が安定している組織は、必然的に、政府管轄組織との契約に依拠していない組織、あるいは公費からの収入源の割合が少ない組織であることが明らかになった。地方自治体との委託契約を通して多くの財源を賄っているアドボカシーサービスにおいて、公費に依拠しない経営体制をとっている組織はまれである（Oliver 2008）。実際、地方自治体が法的義務によって提供するサービスよりもアドボカシーサービスの方が、経費削減のイン

パクトを大きく受けるであろうとこの報告は捉えている。苦情解決など特定の状況下にある若者がアドボカシーサービスを利用できるようにすることは法的義務とされてはいる。しかしより創造的なサービスが影響を受ける可能性がある。経費に関する戦略方法を変え、これまでとは違うビジネスモデルを採用し、独立性を保ち臨機応変に変化に対応しつつ資源の制約に取り組んでいる多くのNGOの例も、この調査では紹介されている。そういった組織の中には、サービスや人員配置を再構成し、別の資金・投資戦略を展開して将来の持続可能性を担保しているものもある。

　一方、アドボカシーサービスの資金を維持することが困難である現状は、アドボカシーを提供する「権限をもつ事業者（Agencies with power base）」が、子どもの権利を意義ある方法で促進する力を保ち続けることがより困難になるという事実をも意味する。それゆえ、子どもの権利と利益を促進するという特別な権限をもつ独立した政府組織である4つの国（イングランド、スコットランド、ウェールズ、北アイルランド）の子どもコミッショナーは、アドボカシーを維持活性化するための重要な役割を担っているといえる。また多くの大規模な国内アドボカシー組織とNGOは、指針に忠実に沿ったアドボカシーを展開していく責任をもつべきである。子どもの権利とアドボカシーサービスを戦略的に発展させるために団体間の協力を促進することを目的とする全国子どもアドボカシー協議会（The National Children's Advocacy Consortium）によって、この責任は強化されている。『子どもアドボカシーサービス提供のための全国基準』基準4は、「アドボカシーサービスを有益に活用できるすべての子どもたちがサービスの存在を知り、容易にアクセスできるようにするべきである」（DoH=2009：176）と規定しており、アドボカシーサービスが子どものために発展していくべきであることを明確に述べている。ここにおいて困難な点は、「情報提供と教育のための投資（Investment in information and education）」にも、また資源が必要であるということである。しかし、アドボカシー分野では、全国子どもアドボカシー協議会や独立アドボカシーを提供する他の同種の組織等からの「サポートネットワーク（Support Network）」もある。例を挙げれば、「子どもの権利擁護主事と

終章　英国における子どもアドボカシーサービスの発展と今日的課題

アドボケイト」(Children's Rights Officers and Advocate, CROA) は、幅広い地域でその会員にネットワーキング、サポート、研修等を提供している。前に述べた全国子どもアドボカシー協議会は、子どもの権利とアドボカシーサービスの発展を促進するために協働することを目的とし、子どものための多くのチャリティー団体と全国のアドボカシーサービス提供団体とで構成されている。「アドボカシーのためのアクション」(Action4Advocacy) は、すべての利用者グループとの連携をもとに、アドボカシーを戦略的に促進し、独立アドボカシープロジェクトの発展を支援し、アドボケイトとアドボカシー事業との間のネットワーキングを行い、よい実践の促進と情報共有を行っている。すべてのユーザーグループと連携しているもう一つの組織は「アドボカシー資源交換」(Advocacy Resource Exchange, ARX) であり、アドボカシーについての情報を提供し、数々のプロジェクトを発展させている。より幅広い活動では、イングランド子ども権利連合 (Children's Rights Alliance for England, CRAE) が、子どもの権利が擁護、尊重されるための運動を精力的に行っている。アドボカシー実践の計画、促進、見直しをあらゆるレベルで行うための枠組みを提供している『子どもアドボカシーサービス提供のための全国基準』を通しても支援が提供されている。

　最後に、「主要な問題への取り組み (Engagement with key issues)」は、子どもの参加権を促すための最も重要な事柄である。主要な問題については本章で述べたが、これらの問題に継続的に取り組んでいくことは、まさに子どものために働くアドボケイトの情熱と粘り強さによって確保されているのである。資源は制約を受けたとしても、政府の子どもの権利を支持する意向の下で、大きな組織の運動により、すべての子どもの擁護者として、また子どもの声と組織を促進するための手段として、独立アドボケイトは継続されなければならない。アドボカシーの起源は NGO とサービス利用者の運動にあり、両者とも平等、公正、社会正義を促進してきた歴史がある。アドボカシーと参加の文化は子どもサービス内に存在するが、この文化を維持し将来の子どもサービスの基礎として強化されていくようにすることがアドボケイト、NGO、利用者運動の役割である。

文献

Advisory Centre for Education (2011)*Exclusion from School-Information*(http://www.ace-ed.org.uk/advice-about-education-for-parents/exclusion_from_school/ace-exclusion-from-school-information-pack,2011.5.2).

Alliance(1975)*Fundamental Principles of Disability* (http://www.leeds.ac.uk/disability-studies/archiveuk/UPIAS/fundamental%20principles.pdf,2011.5.4).

Ashley, C. Holton, L. Horan, H. and Wiffin ,J. (2006) *The Family Group Conference Toolkit — a practical guide for setting up and running an FGC service* ,FRG ,DfES and the WAG.

Atkinson, D.(1999) *Advocacy :A Review*. Brighton: Pavilion Publishing Ltd./Joseph Rowntree Foundation.

朝日新聞(2008) 2008年7月16日 夕刊総合, 2.

Atkinson, Maggie, Personal Interview, 21th April 2010.

Aynsley-Green, A. et al (2008)*UK Children's Commissioners' Report to UN Committee on the Rights of the Child*.

Ball ,C.and Connolly,J.(2004) Children and someone to listen, community care (13 January2004) (http://www.communitycare.co.uk/Articles/2004/01/13/43380/Children-need-someone-to-listen.htm,2011.5.31)

BBC Children in Need(**2010**),*Our Mission*(http://www.bbc.co.uk/pudsey/aboutus/mission.shtml 2010.11.28).

Barnardo's,FRG and NCH(2002)*Family group conferences: principles and practice guidance,*British Library.

Barnes, C., Shakespeare, T and Mercer, G.(1999)*Exploring Disability*, Polity Press (= 2004, 杉野昭博・松波めぐみ・山下幸子訳『ディスアビリティ・スタディーズ―イギリス障害学概論』明石書店).

Bateman,N.(1995)*Advocacy Skills: A Handbook for Human Service Professionals*, Ashgate. (=1998, 西尾祐吾訳『アドボカシーの理論と実際―社会福祉における代弁と擁護』八千代出版).

Bell, M. and Wilson, K. (2006) Children's views of family group conferences, *British Journal of Social Work*, 36 (4), Oxford journals, 671–81.

Benntt,R.(2009)*Profile: Maggie Atkinson is no challenge to government*(http://www.timesonline.co.uk/tol/news/politics/article6880882.ece,2011.5.3).

Bessel, Chris, Personal Interview, 1st June 2010.

Boardmaker(2011)*Boardmaker*(http://www.mayer-johnson.com/category/boardmaker-family,2011.5.3).

Boylan, J. (2008)An Analysis of the Role of Advocacy in Promoting Looked After Children's Participation in Statutory Reviews, Oliver, C. and Dalrymple, J. eds, *Developing Advocacy for Children and Young People: Current Issues in Research and Practice*, Jessica Kingsley Publishers, 45-63.

Boylan, J.and Dalrymple, J. (2009) *Understanding Advocacy for Children and Young People*,Open University Press.

Brammer, A.(2010)*SOCIAL WORK LAW 3rd edition*, Longman.
CCfW [Children's Commissioner for Wales](2003) *Telling Concerns: Report of the CCfW Review of the Operation of Complaints and Representations and Whistleblowing Procedures and Arrangements for the provision of Children's Advocacy Services*, CCfW.
CCfW(2004)*Telling Concerns Practice Guides Advocacy*, CCfW.
CCfW (2005) *"Children don't make complaints – parents do!"*, CCfW.
CCfW(2010)*Annual Report and Accounts* 09/10.(http://www.childcom.org.uk/uploads/publications/63.pdf,2011.5.3).
CCfW(2011a)*Advisory Groups*(http://www.childcom.org.uk/en/advisory-groups/,2011.5.3).
CCfW(2011b)*School Ambassadors*(http://www.childcom.org.uk/en/school-ambassadors/,2011.5.3).
CCfW(2011c)*Ambassadors Toolkit*(http://www.childcom.org.uk/uploads/publications/63.pdf,2011.5.3).
CDC [Council for Disabled Children](2009)*Making Ourselves Heard*, National Children's Bureau.
CDC(2011a)*Welcome to the Council for Disabled* Children(http://www.ncb.org.uk/cdc/home.aspx,2011.5.1).
CDC(2011b)*CDC Council.* (http://www.ncb.org.uk/cdc/about_us/joining_cdc/the_cdc_council.aspx,2011.5.3)
CDC(2011c) *Making Ourselves Heard.* (http://www.ncb.org.uk/cdc/networks/making_ourselves_heard.aspx,2011.5.3).
CDC(2011d) *Top Tips for Participation.* (http://www.ncb.org.uk/cdc/resources/top_tips.aspx,2011.5.3).
CDC(2011e) *Working with Disabled Children and Young People.* (http://www.ncb.org.uk/cdc/networks/making_ourselves_heard/working_with_disabled_children.aspx,2011.5.3).
CDC(2011f) *Young Ambassadors.* (http://www.ncb.org.uk/cdc/wider_projects/young_ambassadors.aspx,2011.5.3).
中央法規出版編集部編 (2001)『新版　社会福祉用語事典』中央法規出版．
CRC [Committee on the Rights of the Child](1998) *Concluding observations of the Committee on the Rights of the Child : Japan. 1998/06/05.* (＝ 1998 外務省「条約第 44 条の下での締約国により提出された報告の審査児童の権利に関する委員会の最終見解：日本」〈http://www.mofa.go.jp/mofaj/gaiko/jido/9806/index.html.2011.5.3 ）．
CRC (2002)*Concluding observations: United Kingdom of Great Britain and Northern* Ireland(http://daccess-dds-ny.un.org/doc/UNDOC/GEN/G02/453/81/PDF/G0245381.pdf?OpenElement.2011.5.3).
CRC (2002) *General Comments No.2,The Role of Independent National Human Rights Institutions in the Protection and Promotion of the Rights of the Child*（＝ 2002, 平野裕二訳「子どもの権利委員会一般的意見第 2 号（2002 年）国内人権機関の役割」http://homepage2.nifty.com/childrights/crccommittee/generalcomment/genecom2.htm.2011.5.3）．
CRC (2005)General Comments No.7,Implementing Child Rights in Early Childhood.（＝ 2005, 平野裕二訳「子どもの権利委員会一般的意見 7 号（2005 年）乳幼児期における子どもの権利の実施」〈http://homepage2.nifty.com/childrights/crccommittee/generalcomment/genecom7.htm.2011.5.3〉）．

CRC(2010)*Consideration of reports submitted by States parties under article 44 of the Convention*. (http://www2.ohchr.org/english/bodies/crc/crcs54.htm2010.6.15).

Carlile, L.A. (2002)*Too Serious A Thing: Review of Safeguards for Children and Young People Treated and Cared for by the NHS in Wales*, NafW.

Cashmore, J. (2002) Promoting the participation of children and young people in care,*Child Abuse and Neglect*, 26, 837-47.

CCfE [Children's Commissioner for England](2010)*Children's Commissioner for England Annual Report and Financial Statements for 2009-2010*.

CCfE(2011)*Take Over Day* (http://www.childrenscommissioner.gov.uk/takeover_day,2011.5.3).

Charters, Joe, Personal Interview, 11th March 2010.

Chase, E. (2008)Challenges and Complexities of Widening Access to Advocacy Services: Lessons from an Evaluation of Voice Advocacy Service, Oliver,C. and Dalrymple,J. eds, *Developing Advocacy for Children and Young People: Current Issues in Research,Policy and Practice*,Jessica Kingsley Publishers, 99-115.

Children and Family Court Advisory and Support Service(2010a) *Annual Report and Accounts 2009-2010*, House of Commons.

Children and Family Court Advisory and Support Service(2010b)*CAFCASS CARE DEMAND;LATEST FIGURES FOR APRIL-OCTOBER 2010*(http://www.cafcass.gov.uk/pdf/October%202010%20care%20demand%20update.pdf 2010/1/9).

Children's Rights Development Unit(1994) *UK Agenda for Children*, CRDU.

Children and Young People Committee (2008) *Advocacy Services for Children and Young People in Wales*, National Assembly for Wales

Children England (2011) *Counting the Cuts:The impact of public spending funding cuts on children's charities*, Children England.

City and guilds (2009) Level 3 Certificate in Independent Advocacy, City and Guilds.

City and guides (2010) *Certificate/Diploma in Independent Advocacy*(http://www.cityandguilds.com/48098.html?s=2, 2011.3.20).

Clifford, D. (1995) Methods in oral history and social work. *Journal of the Oral History Society*, 23(2), 65-70.

Comic Relief (2010)(http://www.comicrelief.com/, 2010.11.28)

Corker, Lynda, Personal Interview, 13th May 2010.

CRAE (2010)*State of Children's Rights in England 2010: Review of Government action on United Nations' recommendations for strengthening children's rights in the UK*, Children's Rights Alliance for England.

Crowley, A. and Pithouse, A.(2008) Advocacy in complaints procedures: the perspectives of young people, Oliver,C. and Dalrymple,J. eds, *Developing Advocacy for Children and Young People: Current Issues in Research,Policy and Practice*, Jessica Kingsley Publications,150-68.

Crowley, Anne, Personal Interview, 8th June 2010.

Dalrymple, J. (2001) Safeguarding young people through confidential advocacy services. *Child and Family Social Work*, 6(2), 149-60.

Dalrymple,J.(2002) Family Group Conferences and youth advocacy: The participation of children and young people in family decision making, *European Journal of Social Work*, 5(3), 287-99.

Darlymple, J.(2003)Professional Advocacy as a Force for Resistance in Child Welfare,*British Journal of Social Work*,33,1043-62.（＝ 2009. 堀正嗣訳「児童福祉における抵抗のための力としての専門的アドボカシー」堀正嗣・栄留里美『子どもソーシャルワークとアドボカシー実践』明石書店.

Dalrymple, J. (2005) Constructions of Child and Youth Advocacy: Emerging issues in advocacy practice. *Children and Society*, 19(1), 3-15.

Dalrymple, J.(2007) Children and young people's participation in family group conferences, Ashley,C. and Nixon,P.eds ,*Family Group Conferences: Where Next? Policies and Practices for the Future*,FRG,113-30.

Dalrymple, J. (2008) *Mapping the Maze: An evaluation of the Maze Advocacy Project*, UWE.

Dalrymple, Jane, Personal Interview, 11th March 2010.

Dalrymple, Jane, Personal Interview, 17th August 2010.

Dalrymple, J. and Horan, H. (2008a) Advocacy in Child Protection Conferences, Oliver,C. and Dalrymple,J. , eds, *Developing Advocacy for Children and Young People: Current Issues in Research, Policy and Practice*, Jessica Kingsley Publishers, 64-80.

Dalrymple, J. and Horan, H. (2008b) Best practice in child advocacy: Matty's Story,K. Jones, B. Cooper and H. Ferguson, eds, *Best Practice in Social Work: Critical Perspectives*,Palgrave Macmillan, 164-80.

Davis, L. (2009) *The Social Worker's guide to Children and Family Law*, Jessica Kingsley Publishers.

DCSF [Department for Children, Schools and Families](2007)*The Children's Plan: building brighter futures*,DCSF Publications.

DCSF(2008)*Care Matters: Time to Deliver for Children in Care*, DCSF Publications.

DCSF (2009)*The Protection of Children in England: Action Plan The government's Response to Load Laming*, DCSF Publications.

DCSF(2010a)*IRO Handbook Statutory guidance for independent reviewing officers and local authorities on their functions in relation to case management and review for looked after children*, DCSF Publications.

DCSF(2010b)*Working Together to Safeguard Children: A guide to inter-agency working to safeguard and promote the welfare of children* ,DCSF Publications.

Dearling, A(1993) *The Social Welfare Word Book,* Longman

出口保夫・小林章夫・齊藤貴子編 (2009)『21 世紀イギリス文化を知る事典』東京書籍．

Design for Change (1983) *Child advocacy and the school*, Design for Change.

DfES [Department for Education and Skills](2003a)*Every Child Matters,* DfES Publications.

DfES(2003b) *Get it Sorted: Providing Effective Advocacy Services for Children and Young People Making a complaint under the Children Act 1989*, DfES Publications.

DfES(2004a) *Get it Sorted: Providing Effective Advocacy Services for Children and Young People Making a complaint under the Children Act 1989*, DfES Publications.

DfES(2004b)*Every Child Matters: Change for Children*,DfES Publications.

DfES(2006) *Getting the Best from Complaints Social Care Complaints and Representations for Children, Young People and Others* ,DfES Publications.

DfES (2007) *Aiming high for disabled children: better support for families*, DfES Publications.

DfES and Department of Health (2004)*National Service Framework for Children, Young People and Maternity Services,*DfES and DoH Publications.

DoH [Department of Health](1998) *The Quality Protects Programme: Transforming Children's Services*, HMSO.

DoH (2000) *Learning the Lessons. The Government's Response to Lost in Care: The Report of the Tribunal of Inquiry into the Abuse of Children in Care in the former County Council Areas of Gwynedd and Clwyd since 1974,*The Stationary Office.

DoH(2002a)*Children's homes: national minimum standards, children's homes regulations*, DoH Publications.

DoH(2002b)*Fostering services: national minimum standards, fostering services regulations*, DoH Publications.

DoH(2002c)*National Standards for the Provision of Children's Advocacy Services*, DoH Publications.（＝2009,堀正嗣「子どもアドボカシーサービス提供のための全国基準」堀正嗣・栄留里美（2009）『子どもソーシャルワークとアドボカシー実践』明石書店, 65-192）.

DoH(2010) Independent mental health advocates(http://www.dh.gov.uk/en/Healthcare/Mentalhealth/InformationontheMentalHealthAct/DH_091895, 2011.3.20).

DoH, Department for Education and Employment, Home office (2000) *Framework for the Assessment of Children in Need and their Families*, The Stationery Office.

DoH, Home Office and Department for Education and Employment (1999) *Working Together to Safeguard Children: A guide to inter-agency working to safeguard and promote the welfare of the child*, The Stationary Office.（＝2002,松本伊智朗・屋代通子訳『子ども保護のためのワーキング・トゥギャザー——児童虐待対応のイギリス政府ガイドライン』医学書院）.

Dunford, J. (2010a) *Review of the Office of the Children's Commissioner (England)*, The Stationery Office.

Dunford, J. (2010b) *Review of the Children's Commissioner for England* (http://www.education.gov.uk/inthenews/inthenews/a0069882/review-of-the-childrens-commissioner-for-england,2011.07.17)

EDCM [Every Disabled Child Matters](2007a)*"If I could change one thing": Children and Young People's View* (http://www.ncb.org.uk/edcm/if_i_could_change_childrens.pdf,2011.5.4).

EDCM(2007b)*"If I could change one thing": Parents' View* (http://www.ncb.org.uk/edcm/if_i_could_change_adults.pdf,2011.5.4)

EDCM (2008) *Going Places: Ensuring the play and youth strategies deliver for disabled children and young people* (http://www.ncb.org.uk/edcm/going_places_briefing.pdf,2011.5.4).

EDCM(2010) *Disabled Children's Manifest for Change* (http://www.ncb.org.uk/edcm/manifesto/downloads/dc_manifesto.pdf,2011.5.4)

EDCM (2011a) *About Us* (http://www.ncb.org.uk/edcm/about_us.aspx.2011.5.4).

EDCM(2011b) *Local Authority Charter* (http://www.ncb.org.uk/edcm/charters/la_charter.aspx,2011.5.4).

EDCM(2011c) *Participation – Downloads and Recourses* (http://www.ncb.org.uk/edcm/campaigns/participation/downloads_and_resources.aspx,2011.5.4)

Equality and Human Rights Commission (2011)*About Us* (http://www.equalityhumanrights.com/about-us/,2011.5.3).

FRG [Family Rights Group](2004a)*Training Manual: Young Peoples Views at Family Group Conferences*, FRG.

FRG (2004b) *Guide 1: Guide for Young People and Children: Getting the Most from Your Family Group Conference*, FRG.

FRG (2004c) *Guide 2: Guide for Families: Involving Young People and Children in Family Group Conferences*, FRG.

FRG (2004d) *Guide 3: Guide for Co-coordinators: Involving Young People and Children in Family Group Conferences*, FRG.

FRG (2004e) *Guide 4: Guide for Referrers: Involving Young People and Children in Family Group Conferences*, FRG.

FRG (2009) *Report on the impact of the Public Law Outline on Family Group Conference services in England & Wales*, 1-124.(http://www.frg.org.uk/pdfs/Report%20on%20the%20impact%20of%20the%20PLO%20Final.pdf,2010.9.20).

Floris, Carol, Personal Interview, 9th June 2010.

Fordyce, Rob, Personal Interview, 26th July 2010.

Franklin, Anita, Personal Interview, 22th April 2010.

Franklin, B. (2002)*The New Handbook of Children's Rights: comparative policy and practice*, Routledge.

Geraghty, Pauline et al, Personal Interview, 20th May 2010.

Garboden, M.(2010)*Community Care, August, 'Khyra isaq's social worker had 50 cases, reveals serious case review'*, Care Space .

Gill, H., Higginson, L. and Napier, H. (2003) Family Group Conferences in Permanency Planning, Adoption & Fostering, 27(2), *British Association for Adoption and Fostering*,53-63.

Goldson, B. (1997) From Exclusion to Inclusion: Educationally Disadvantaged Children and Young People - A Child Centred Approach to Practice, *Journal of Child Centred Practice*, 4(2).47-68

Goodley, D (2000) *Self-advocacy in the Lives of People with Learning Difficulties*, Open University Press.

HM Treasury and DCSF (2007)*Aiming high for young people: a ten year strategy for positive activities*,HM Treasury and DCSF Publications.

Hafen, B. and Hafen, J. (1996) Abandoning children to their autonomy,*Harvard International Law Journal*, 37, 449-91.

Harnett, R.(2004)*Models of peer advocacy developed by selected projects funded by Dianna, Princess of Wales Memorial Fund*, National Children's Bureau.

Harrison, Ellie, Personal Interview, 1st June 2010.

Hart, R. (1992)*Innocenti Essays No. 4. Children's Participation: From Tokenism to Citizenship*,UNICEF International Child Development Centre.

橋本宏子(1993)「〈覚書〉イギリスにおける苦情処理手続：福祉サービスの場合」『神奈川法学』（神奈川大学）28(1), 307-99.

林浩康 (2008)『子ども虐待時代の新たな家族支援―ファミリーグループ・カンファレンスの可能性』明石書店.

Henderson, R. and Pochin, M. (2001) *A Right Result? Advocacy, justice and empowerment*, The Policy Press.

Hill, M. and Tisdall, K. (1997) *Children and Society*, Longman Ltd.

Holland, S., Scourfield, J. O'Neill, S. and Pithouse, A. (2005) Democratising the Family and the State? The Case of Family Group Conferences in Child Welfare, *Journal of Social Policy*, 34(1), 59-77.

Holland, S. and O'Neill, S. (2006)"We had to be there to make sure it was what we wanted": Enabling children's participation in family decision making through the Family Group Conference, *Childhood*, 13(1), 91-110.

Horan, H. and Dalrymple, J. (2003) Promoting the Participation Rights of Children and Young People in Family Group Conferences, *Practice*, 15(2), 1-7.

Horan, Hilary, Personal Interview, 17th August 2010.

Hosking, Peter, Personal Interview, 10th June 2010.

堀正嗣 (2009)「アドボカシーの本質としてのセルフアドボカシー」堀正嗣・栄留里美『子どもソーシャルワークとアドボカシー実践』明石書店, 13-24

James, A. and Prout, A. (1997) A new paradigm for the sociology of childhood,A. James and A. Prout, eds, *Constructing and Resconstructing Childhood: Contemporary Issues in the Sociology of Childhood*,Falmer Press.

Jenkins, P. (1993) *Children's Rights; A participative exercise for learning about children's right*, Harlow: Longman.

Jenkins, P. (1995) Advocacy and the UN Convention on the Rights of the Child, J. Dalrymple and J. Hough, eds, *Having a Voice, An exploration of children's rights and advocacy*, Venture Press,31-52.

Jobsgopublic(2009) Social Workers, Bradford Metropolitan District Council(http://www.jobsgopublic.com/jobs/social-workers-c3524 2009.11.23).

International Organization for Migration (2011)Unaccompanied

伊藤淑子 (2009)『21世紀イギリスの子どもサービス―日本への示唆』ドメス出版.

神陽子 (2009)「英国における子どもに関する公的サービスの展開」『青少年子どもをめぐる諸問題　総合調査報告書』国立国会図書館調査及び立法考査局,208-20.

Kate Mercer Training (2009) *Involving service users* (http://www.katemercer-training.com/involvingserviceusers.html, 2011.3.20)

菅富美枝 (2010)「自己決定を支援する法制度，支援者を支援する法制度」『大原社会問題研究所雑誌』622,33-49.

Kemmis, John, Personal Interview, 11th March 2010.

Kendrick,M, J. (2006)T*he Inevitable Loneliness Of Personal Advocacy, 18, Kendrick Consulting*.(http://www.kendrickconsulting.org/pubs.asp?pid=0&ctid=15&cid=0&tr=SITEMENU, 2011.3.20).

Knight, A. and Oliver, C. (2007) Advocacy for disabled children and young people: benefits and dilemmas,*Child & Family Social Work*, 12(4), 417-25.

Knight, A. and Olive, C. (2008) Providing Advocacy for Disabled Children, Including Children without Speech, Olive, C.M and Dalrymple, J. eds. *Developing Advocacy for Children and Young people:*

Current issues in Research, Policy and practice, Jessica Kingsley Publishers.

国連子どもの権利委員会 (2005)(http://homepage2.nifty.com/childrights/crccommittee/general-comment/genecom7.htm2011.5.3).

小西友七・南出康世編 (2006)『ジーニアス英和辞典　第 4 版』大修館書店.

Laming,L.(2003) *THE VICTORIA CLIMBIE INQUIR REPORT OF AN INQUIRY BY LORD LAMING*(http://www.victoria-climbie-inquiry.org.uk/finreport/finreport.htm.2009.4.1).

Lansdown, G. (1995) *Taking Part: Children's participation in decision making*,IPPR.

Laws,S. and Kirby, P. (2007) *Under The Table Or At the Table? Advocacy for children in Family Group Conferences For the Brighton & Hove Children's Fund Partnership and the Brighton and Hove Daybreak FGC Project*, Brighton and Hove Daybreak FGC Project, 1-72.

Laws,S. and Kirby, P. (2008) At the Table or Under the Table? Children's Participation in Family Group Conferences - A Comparative Study of the Use of Professional Advocates and Family Supporters, Oliver, C., Dalrymple, J eds.*Developing Advocacy for Children and Young People: Current Issues in Research, Policy and Practice* , Jessica Kingsley Publishers, 81-98.

Laws, S.and Kirby, P.(2010)Advocacy for children in family group conferences : reflections on personal and public decision making, Percy-Smith, B. and Thomas, N.eds, *A handbook of children and young people's participation : perspectives from theory and practice*,Routledge,113-120.

Lister, R (2003) Investing the citizen worker on the future: Transformation in the citizenship and the state under the New Labour, *Social Policy and Administration*, 37(5),427-43.

Making Ourselves Heard (2009) *Making Ourselves Heard: Exploring disabled children's participation*, National Children's Bureau.

Marsh,P.and Crow,G (1998)*Family Group Conferences in Child Welfare (Working Together For Children, Young People And Their Families)*,Blackwell.

Martin, K. and Franklin, A. (2010) Disabled children and participation in the UK', in Percy-Smith, B. and Thomas, N. eds. *A Handbook of Children and Young people's Participation: Perspective from theory and practice,* Routledge,97-112.

Martin, Kate, Personal Interview, 11th March 2010.

McGregor, K (2010) *Community Care, June, Baby P suspensions raise questions over consistency of GCSS's sanctions*, Care Space.

Melton, G. (1987) *Children, Politics and Morality: The ethics of child advocacy. Journal of Clinical Child Psychology,* 16(4), 357-67.

Mercer, Kate, Personal Interview, 11th June 2010.

Mickelson, J.S. (1995) *Advocacy*, NASW Press.

Miller, V. and Chapman, J. (2005) *Action Research on Planning, Assessing and Learning in People-Centred Advocacy.* Working Paper 1 Action-Aid.

Minors(2011)(http://avrr.belgium.iom.int/en/other-projects/unaccompanied-minors.html,2011.5.2).

Mitchell, F. (2007) *When will we be heard? : Advocacy provision for disabled children and young people in England,* The Children's Society.

Molander, H. (1996) A child against the state: tasks of the children's ombudsman, Verhellen, E.ed, *Monitoring Children's Rights. the Netherlands*,Kluwer Law International, 575-86.

Morgan, R. (2008)*Children's views on advocacy: A report by the Children's Rights Director for England*,Ofsted.

Morrison, Jan, Personal Interview, 30th March 2010.

峯本耕治(2001)『子どもを虐待から守る制度と介入方法―イギリス児童虐待防止制度から見た日本の課題』明石書店.

三田地宣子(1977)「1975年 Children Act と子の福祉―養子法を中心として-1-」『Artes liberales』20 ,7-19.

日本マカトン協会(2011)「マカトンとは」(http://homepage2.nifty.com/makaton-japan/,2011.5.3).

西尾祐吾(2000)「第1章第1節　アドボカシーの原理」西尾祐吾・清水隆則編『社会福祉実践とアドボカシー――利用者の権利擁護のために』中央法規出版 ,2-7.

National Children's Bureau (2010) *Aims and Objectives* (http://www.ncb.org.uk/about_us/aims_and_objectives.aspx.2011.5.3)

Nixon,P.,Burford,G.andQuinn, A.(2005) *A Survey of International Practices, Policy & Research on Family Group Conferencing and Related Practices*,1-97.(http://www.frg.org.uk/pdfs/Family%20Group%20practices%20report.pdf,2010.9.20).

Noon, A.(2000) *Having a Say :The Participation of Children and Young People at Child Protection Meetings and the Role of Advocacy*, Children's Society.

Northern Ireland Assembly (2003) *The Commissioner for Children and Young People (Northern Ireland) Order 2003*.

NICCY [Northern Ireland Commissioner for Children and Young People](2010a) *NICCY news*.

NICCY(2010b)*Annual Report and Accounts, For the year ended 31 March 2010*.

NICCY(2011a)*Make It Right Champagne*(http://www.niccy.org/Makeitright.2011.5.3).

NICCY(2011b)*NICCY Youth Panel*(http://www.niccy.org/NICCYYouthPanel,2011.5.3).

NSPCC(Undated) *Speaking Out: A guide for advocates for children and young people with learning disabilities*, NSPCC in association with VOICE UK

NYAS [National Youth Advocacy Service](2010) SERVICES - Fieldwork

(http://www.nyas.net/services/fieldwork.html, 2011.3.20).

Office for National Statistics (2009) *UK population to exceed 65m by 2018* (http://www.statistics.gov.uk/cci/nugget.asp?id=1352,2011.4.20).

Office of the Child Youth and Family Advocate(1997) *A Framework for Understanding Advocacy. Community Advocacy Workshop*, Vancouver: Office of the Child Youth and Family Advocate.

Office of the Child Youth and Family Advocate (1997) *A Framework for Understanding Advocacy. Community Advocacy Workshop*. Office of the Child Youth and Family Advocate.

Oliver, C. (2008) Setting the Scene: funding, patterns of advocacy provision and children's access to advocacy services., Oliver ,C. and Dalrymple, J. eds, *Developing Advocacy for Children and Young People: Current Issues in Research, Policy and Practice*.Jessica Kingsley Publishers, 26-44.

奥till陸子編(2009)『ヒア・バイ・ライト〈子どもの意見を聴く〉の理念と手法　若者の自立支援と社会参画を進めるイギリスの取り組み』萌文社.

Oliver, C., Knight, A. and Candappa, M. (2005) *Advocacy for Looked After Children and Children in*

Need: Findings of a telephone survey of advocacy services, University of London.

Oliver, C., Knight, A. and Candappa, M. (2006) *Advocacy for looked after children and children in need: achievements and challenges,*Thomas Coram Research Unit.

Oliver, M. (1995) *Understanding Disability: From Theory to Practice,*Palgrave Macmillan.

Oxford City Council (2008) *Working out your LHA if you are a care leaver under 22* (http://www.oxford.gov.uk/PageRender/decCB/Care_leaver_under_22_occw.htm,2011.5.8).

Patricia Lewsley, Personal Interview, 3rd August 2010.

Payne, M. (2000) *Anti-bureaucratic Social Work*, Venture Press.

Pithouse,A. Parry, O., Crowley, A.,et al(2005)*A Study of Advocacy Services for Children and Young People in Wales*, WAG.

Pithouse, A. and Crowley, A. (2007a) National Standards in Children's Advocacy-what do Young People Say?',*Child Care in Practice*, 13(1), 17-32.

Pithouse, A. and Crowley, A.(2007b) Adults Rule? Children, Advocacy and Complaints to Social Services' *Children & Society*, 21,201-13.

Pithouse, A. and Crowley, A. (2008) Complaints and Children's Advocacy in Wales: Getting behind the rhetoric, Oliver, C. and Dalrymple, J., eds, *Developing Advocacy for Children and Young People: current Issues in Research, Policy and Practice.* Jessica Kingsley Publishers, 132-49.

Pithouse,Andy, Personal Interview, 8th June 2010.

Pritchard, C. and William, R. (2010)Comparing Possible 'Child-Abuse-Related-Death' in England and Wales with the Major Developed Countries 1974-2006: Signs of Progress?, *British Journal of Social Work*, 40 (6), 1700-18.

Robertson, J. (1996) Research on Family Group Conferences in Child Welfare in New Zealand, Hudson, J., Morris, A., Maxwell, G. and Galaway, B. eds.*Family Group Conferences: Perspectives on Policy and Practice*, Leichardt, NSW, The Federation Press,49-64.

Roose, R. and Mottart, A. et al(2009)Participatory Social Work and Report Writing, *Child & Family Social Work*, 14, 322-30.

櫻谷眞理子(2009)「イギリスの児童保護の現状と課題—ビクトリア・クリンビエ、ベービーP事件を基に」『立命館産業社会論集』45(1),35-51.

妹尾洋之・新納拓爾・山下真弘(2010)「家族再統合における当事者・援助者双方の安心感確立の試み」『日本子ども虐待防止学会第16回学術集会くまもと大会』日本子ども虐待防止学会, 189.

SCCYP [Scotland's Commissioner for Children and Young People](2010)*Annual Report of Scotland's Commissioner for Children and Young People 2009/10.*

SCCYP, The story so far(http://www.sccyp.org.uk/about/beginning,2011.5.3)

SCCYP(2011)*All about.* (http://www.sccyp.org.uk/about,2011.5.3)

Samuel, J. (2002)*What is people-centred advocacy?*,PLA Notes,43, 9-12.

Sazama, J. and Young, K. S. (2001)*Get the Word Out!, Youth on Board.*

Scottish Parliament(2003) *Commissioner for Children and Young People (Scotland) Act* 2003(http://www.legislation.gov.uk/asp/2003/17/contents.2011.5.3).

Shaw, M. and Frederick, J. (1999) *Family Group Conferencing With Children Under Twelve: A Discussion*

Paper,1-43.
(http://www.ncjrs.gov/App/Publications/abstract.aspx?ID=186900,2010.9.20).
柴崎智恵子(2005)「家族ケアを担う児童の生活に関する基礎的研究：イギリスの"Young Carers"調査報告書を中心に」『人間福祉研究』田園調布学園大学人間福祉学部,8,125-143.
新村出編(2008)『広辞苑第6版』岩波書店.
Stein,M., Thomas. C.eds(2009)*Quality Matters in Children's Services -Messages from Research* ,Jessica Kingsley Publishers.
Tam, Baillie, Personal Interview, 27th July 2010.
田邉泰美(2006)『イギリスの児童虐待防止とソーシャルワーク』明石書店.
Tassoni, P.(2003) *Supporting Special Needs, Heinemann*.
Taylor, A.(2008) *The Big Interview: Keith Towler - CCfW* (http://www.communitycare.co.uk/Articles/2008/03/26/107701/the-big-interview-keith-towler-childrens-commissioner-for-wales.htm,2011.5.3).
Templeton, J. and Kemmis, J. (1998) *How Do Young People and Children Get TheirVoices Heard? Feedback from Young People and the VCC Services in London*,Voice for the Child in Care.
The Children's Society (2007) *My life My Decision My Choice*.
The Lord Laming (2009)*The Protection of Children in England: A Progress Report*, Stationary Office.
Thomas,T.(2004) *Report: Report on the Findings of the Consultation on the Views of Young People in Family Group Conferences*, FRG.
津崎哲雄(1990)「英国における児童養護改革の視座」『仏教大学研究紀要』仏教大学学会(74), 113-37.
津崎哲雄(1999)「英国における子どもの権利擁護の動向」『世界の児童と母性』46,58-61.
津崎哲雄(2008)「研究1　諸外国における社会的養護体制1.英国」主任研究者庄司順一『社会的養護体制に関する諸外国比較に関する調査研究』財団法人こども未来財団, 3-9.
Tunnard, J. (1997) Mechanisms for empowerment: family group conferences and local family advocacy schemes, Cannan, C. and Warren, C., eds, *Social Action with Children and Families: A community development approach to child and family welfare*. Routledge, 162.
UK Youth Parliament (2010) *About us*(http://www.ukyouthparliament.org.uk/4655/index.html,2011.3.20).
UPIAS [Union of the Physically Impaired Against Segregation and The Disability Alliance](1975)*Fundamental Principles of Disability* (http://www.leeds.ac.uk/disability-studies/archiveuk/UPIAS/fundamental%20principles.pdf,2011.5.4).
Utting, W. (1997) *People Like Us: The Report of the Review Of The Safeguards For Children Living Away From Home,*The Stationary Office.
Voice (2010a) *Home* (http://www.voiceyp.org/ngen_public/default.asp, 2011.3.20).
Voice (2010b) *Our services* (http://www.voiceyp.org/ngen_public/default.asp?id=9, 2011.3.20).
Voice (2011) *Elliot's Story*(http://www.voiceyp.org/ngen_public/default.asp?id=22,2011.5.3).
Voices from Care (2010)(http://www.voicefromcarecymri.org.uk, 2010.11.28).

Voscur (2010) *Advocacy Skills for Children and Young People in Family Group Conferences* (http://www.voscur.org/node/7704,2010.9.20).

WAG [Welsh Assembly Government](2002) *NATIONAL MINIMUM STANDARDS FOR CHILDREN'S HOMES*,WAG.

WAG(2003a)*National Minimum Standards Fostering Services Regulations* ,WAG.

WAG (2003b) *National Standards for the Provision of Children's Advocacy Services*,WAG.

WAG (2003c) *Providing Effective Advocacy Services for Children and Young People Making a Complaint.* WAG.

WAG (2004a) *The National Service Framework for Children, Young People and Maternity Services*, WAG.

WAG (2004b) *Providing Effective Advocacy Services for Children and Young People Making a Complaint.* WAG.

WAG(2005)*Listening and Learning A guide to handling complaints and representations in local authority social services in Wales*,WAG.

WAG(2009)*A Guide to the Model for Delivering Advocacy Services for Children and Young People*, WAG.

WAG (2010a) *Advocacy update*, WAG.

WAG (2010b) *History.* (http://new.wales.gov.uk/about/history/?lang=en 2010.11.28).

WAG (2010c) *Sexual Identity, Ethnicity and Religion - Experimental Results from the Integrated Household Survey, April 2009 to March 2010* , (http://wales.gov.uk/topics/statistics/headlines/equality2009/100923/?lang=en 2010.11.28)

WAG, National CAMHS Support Services, Dalrymple, J. and et al.(2009a) *Tutor Resource Training Materials (Level3) Certificate in Independent Advocacy (7566) and Specialist (level4) unit 309: Independent Advocacy with Children and Young People*, City & Guides.

WAG, National CAMHS Support Services, Dalrymple, J. and et al. (2009b) *Unit309 Independent Advocacy with Children and Young People: self study Pack*, City & Guides.

Wallis, L.and Frost,N. (1998) *Cause for Complaint: The Complaints Procedure for Young People in Care*, Children's Society.

Waterhouse, R. (2000) *Lost in Care: Report of Tribunal of Inquiry into the Abuse of Children in Care in the Former County Council Areas of Gwynedd and Clwyd since 1974*,The Stationary Office.

Wattam, C. (1999) Confidentiality and the Social Organisation of Telling, Parton ,N.and Wattam, C., eds, *Child Sexual Abuse, Responding to the experiences of children. Chichester,* John Wiley & Sons Ltd,71-89.

Weafer, J. (2003) *The Jigsaw of Advocacy: Finding a Voice*,Comhairle.

Wertheimer, A. (1996) *Advocacy*,The Rantzen Report,BBS Educational Developments.

Williamson, Howard, Personal Interview, 9th June 2010.

Wilson, C. (1995) Issues for children and young people in local authority accomodation, Cloke,C. and Davies, M. eds, *Participation and Empowerment in Child Protection*, John Wiley & Sons Ltd,140-53.

WSFGCAS [Wiltshire & Swindon Family Group Conference & Advocacy Service](2007)Annual Report 2006-2007 ,Barnardo's South West,1-30.

Wyllie, J. (1999) *The Last Rung of the Ladder: an examination of the use of advocacy by children and young people in advancing participation practice within the child protection system*, The Children's Society.

横須賀俊司 (1993)「『障害者』福祉におけるアドボカシーの再考―自立生活センターを中心に」『関西学院大学社会学部紀要』47, 167-76.

財団法人ユースワーカー能力開発協会 (2011)(http://www.youthworker.or.jp/about_youthworkers.html.2010.11.28)

索引

1989 年児童法 18-**20**, 22, 37, 44-46, 49, 93-94, 96, 131, 133, 179, 217, 220
1998 年人権法 **37**, 178
2002 年養子縁組と児童法 40, 44-**45**
2004 年児童法 **21**-22, 37-38, 56, 74, 78, 161, 178, 220
2008 年児童若者法 22-**23**, 40

ア行

アドボカシージグソー 28-29
育成を受けている子ども **20**, 35-37, 39, 44, 50, 54, 118, 133, 138-139, 150, 178, 220
親責任 **49**, 88, 122, 124

カ行

課題基盤アドボカシー **25**, 43, 200
能動的アドボカシー **24**, 148, 156, 158, 216
クオリティ・プロテクツ 20, 22, **36**, 41, 45, 220
クリーブランド事件 **36**
ケア下にある子ども **20**, 39, 42, 72, 93, 96, 186, 194, 196
ケア下にある若者のための全国組織 **43**, 186-187

ケア命令 **20**, 23, 88, 91, 93
ケアリーバー **23**, 43-44, 145, 168, 171
ケースアドボカシー **25**, 199-201, 215
子どもアドボカシーサービス提供のための全国基準 21, **25**, 113, 124, 147, 156, 164, 217, 219, 223, 225, 232-233
子どもトラスト **22**, 39, 214
子どもの権利擁護主事 43, **50**, 159, 232

シ行

システムアドボカシー 4, **25**, 43, 81, 199-201, 203-204, 210, 215-216
重大な侵害 19, **86**, **88**, 102, 115-116, 156
受動的アドボカシー **24**, 148
障害者差別禁止法 62, 100, **206**
障害平等計画 **206**, 213-214
すべての子どもは大切 **21**-**22**, 39, 56, 75-76, 82, 88, 96, 161, 210
セキュアユニット **19**, 178
セルフアドボカシー **25**, 167, 177, 183, 185, 199
全国青年アドボカシーサービス 32, **41**-**42**, 143, 166, 171-172, 196

タ行

チルドレンズソサエティ 32, 40-**41**, 57, 159, 202, 214

特別教育ニーズ 49, **201**, 202, 209, 212

独立意思決定アドボケイト **164-165**

独立再検討官 **39-40**, 48, 93, 160

独立精神保健アドボケイト 47, **164-165**

独立訪問アドボケイト **50**

ナ行

ニーズのある子ども **18-19**, 35, 41-42, 44, 85-86, 133, 138, 178, 189, 220

ハ行

バーナード 32, 34, **41**, 71, 104-105, 120, 164, 171, 173, 214

ピアアドボカシー 4, 25, 29-31, 33, 43, **183-186**, 196-198

ビクトリア・クリンビエ **22-23**, 91

非指示的アドボカシー **156-159**, 161

ピュアアドボカシー **157**

ファ行

ファミリーグループ・カンファレンス **101**, 117, 120

プライベート・タイム 102-**103**, 110, 123-124, 126

プライマリケアトラスト **207**, 211

ベイビーP事件 22-23, 85, **90-92**

ボイス 4, 31-33, **40-42**, 57, 95, 143, 151, 166, 171-177, 183, 185-191, 193-198

ボイス・フロム・ケア 4, 33, 43, 95, 143, **183**, 185-191, 193-198

ヤ行

ヤングケアラー **19**, 65

ユースワーカー **29**, 164

ラ行

ラーミング報告 **21**, 88

リービングケア **23**, 43, 63, 71, 89, 102, 118, 133, 159, 193

ロスト・イン・ケア 20, 22, 53, **133-134**

【執筆者一覧】

堀正嗣（Hori, Masatsugu）【編者】
熊本学園大学社会福祉学部教授・子どもアドボカシー学会会長
【主な著書・論文】
単著『子どもの心の声を聴く――子どもアドボカシー入門』（岩波書店、2020年）、『子どもアドボケイト養成講座――子どもの声を聴き権利を守るために』（明石書店、2020年）、『障害学は共生社会をつくれるか――人間解放を求める知的実践』（明石書店、2021年）
【執筆分担】
序章・第2章・第3章・第8章・第11章執筆、終章1・2（1）（2）（3）翻訳

栄留里美（Eidome, Satomi）
大分大学福祉健康科学部専任講師、子どもアドボカシー学会副会長
【主な著書・論文】
単著『社会的養護児童のアドボカシー――意見表明権の保障を目指して』（明石書店、2015年）／共著『子どもアドボカシーと当事者参画のモヤモヤとこれから――子どもの「声」を大切にする社会ってどんなこと？』（長瀬正子・永野咲と共著、明石書店、2021年）、『施設訪問アドボカシーの理論と実践――児童養護施設・障害児施設・障害者施設におけるアクションリサーチ』（鳥海直美・堀正嗣・吉池毅志と共著、明石書店、2022年）
【執筆分担】
第1章・第5章・第6章・第7章・第9章執筆

河原畑　優子（Kawarabata, Yuko）
英国国民保健サービス（NHS）行動認知療法師（BABCP登録）、Social Work England認定ソーシャルワーカー、社会福祉士、University College Dublin大学院社会科学学科（ソーシャルワーク専攻）修士課程修了
【主な著書・論文】
「Ⅲ　研究結果　研究1　諸外国における社会的養護体制　2. アイルランド」『平成19年度児童関連サービス調査研究等事業――社会的養護体制に関する諸外国比較に関する調査研究』日本子ども家庭総合研究所、「アイルランドにおける児童福祉サービス」『児童虐待の子どもの被害、及び子どもの問題行動の予防・介入・ケアに関する研究平成19年度分担報告書――（H17〜19年度総括報告書）要保護児童の一時保護に関する研究』厚生労働科学研究費補助金子ども家庭総合研究事業
【執筆分担】
第4章・第10章執筆、終章2（4）（5）・3翻訳

ジェーン・ダリンプル（Dalrymple, Jane）
オープン大学（Open University）講師
【主な著書・論文】
『反抑圧実践——ソーシャルケアと法律』〔共著〕（Dalrymple, J. &Burke, B. (1995) *Anti-Oppressive Practice : Social Care and the Law*. Maidenhead : Open University Press.）、『子どもアドボカシーの発展——研究、政策、実践の今日的課題』〔共編著〕（Oliver, C., Dalrymple, J eds. (2008) *Developing Advocacy for Children and Young People : Current Issues in Research, Policy and Practice*, Jessica Kingsley Publishers.）、『子どものアドボカシーを理解する』〔共著〕（Boylan, J. and Dalrymple, J. (2009) *Understanding Advocacy for Children and Young People*, Open University Press.）
【執筆分担】
終章執筆

イギリスの子どもアドボカシー
──その政策と実践

2011年10月3日 初版第1刷発行
2022年12月10日 初版第2刷発行

編著者	堀　　　正　嗣
著　者	栄　留　里　美
	河原畑　優　子
	ジェーン・ダリンプル
発行者	大　江　道　雅
発行所	株式会社　明石書店

〒101-0021 東京都千代田区外神田6-9-5
電　話　03 (5818) 1171
Ｆ Ａ Ｘ　03 (5818) 1174
振　替　00100-7-24505
https://www.akashi.co.jp

装幀	明石書店デザイン室
編集／組版	有限会社閏月社
印刷／製本	モリモト印刷株式会社

(定価はカバーに表示してあります)
ISBN978-4-7503-3465-3

〈出版者著作権管理機構　委託出版物〉
本書の無断複製は著作権法上での例外を除き禁じられています。複製される場合は、そのつど事前に、出版者著作権管理機構(電話 03-5244-5088、FAX 03-5244-5089、e-mail: info@jcopy.or.jp)の許諾を得てください。

社会的養護児童のアドボカシー
意見表明権の保障を目指して

栄留里美 著

■A5判／上製／228頁 ◎4500円

子どもの権利を守るためにアドボカシーサービスは世界的にも注目される制度である。いち早くこの制度に取り組み拡充させてきた英国の制度を提供体制や運用面から検証し、その意義と課題を整理。日本の社会的養護システムへの導入をも視野にいれた労作。

●内容構成●

- 序 章 本研究の課題と方法
- 第1章 子どもの権利擁護に関する先行研究
- 第2章 日本の児童養護施設入所児童に対する「権利代弁機能」の検討
- 第3章 イングランド・ウェールズの子ども参加政策とアドボカシーサービス
- 第4章 子どもアドボカシーサービスの全国基準と権利代弁機能
- 第5章 ケース会議におけるアドボカシーサービス
- 第6章 苦情解決制度におけるアドボカシーサービス
- 第7章 アドボケイトの養成方法
- 第8章 アドボカシーサービス提供システムの方法と課題
- 第9章 アドボカシーサービスの意義と課題——日本への示唆
- 第10章 日本におけるアドボカシーサービスモデルの構想——聴かれる権利の保障を目指して

障害学は共生社会をつくれるか
人間解放を求める知的実践

堀正嗣 著

■A5判／上製／264頁 ◎4300円

1970年代からの障害者解放運動による学問や思想の問い直しをうけ1990年代より形成された日本における障害学を牽引する著者が、障害者への排除と隔離に抗し、「共生」をめざすための障害学を再構築すべくまとめた、現時点での集大成的な一冊。

●内容構成●

- 序 章 私たちはどこにいるのか
- 第1章 障害の社会モデルとは
- 第2章 当事者学としての障害学
- 第3章 障害学の研究方法
- 第4章 共生の障害学の地平
- 第5章 共生社会政策の超克
- 第6章 合理的配慮を問い直す
- 第7章 障害児の権利とは
- 第8章 教育におけるディスアビリティの克服
- 第9章 自立生活運動におけるピアカウンセリングの意義
- 第10章 CILによる地域移行支援がめざすもの
- 終 章 障害学はどこに向かうのか

〈価格は本体価格です〉

子どもアドボケイト養成講座
子どもの声を聴き権利を守るために

堀正嗣 著

■四六判／並製／224頁　◎2200円

いじめや虐待、貧困などにより権利侵害を受ける子どもたちを守り支援していく「子どもアドボカシー」の法制度化が日本でも目指される中、その全体像とエッセンスをわかりやすく伝え、支援者としての「子どもアドボケイト」を養成することを目的とした入門書。

●内容構成●

第1講　子どもアドボカシーの意味
第2講　子どもの権利条約と子どもアドボカシー
第3講　イギリスの子どもアドボカシーから学ぶ
第4講　子どもアドボカシーの四理念
第5講　子どもアドボカシーの六原則
第6講　子どもアドボカシーの実践①──会議支援アドボカシー
第7講　子どもアドボカシーの実践②──訪問アドボカシー
第8講　子どもアドボカシーの実践③──障害児のアドボカシー
第9講　子どもアドボカシー制度化に向けての政策の動き
第10講　求められる子どもの権利擁護制度
第11講　子どもアドボカシーセンターと市民の役割
補遺　子どもの権利に関する国内人権機関の役割──英国・北欧・カナダを対象とする比較研究

子どもソーシャルワークとアドボカシー実践

堀正嗣、栄留里美 著

■A5判／上製／232頁　◎2500円

イギリスにおける子どもアドボカシーの理論と実践に学び、子どもソーシャルワークにおけるアドボカシー実践の意義と可能性を明らかにする。子どもをひとりの人間として尊重し、子どもの意見や主体性を尊重する立場から権利を擁護するための考え方と方策を示す。

●内容構成●

第1章　アドボカシーの本質としてのセルフアドボカシー
第2章　ソーシャルワークにおけるアドボカシー実践の意義
第3章　子どもアドボカシーの独自性
第4章　イギリスにおける子ども虐待対応と子どもアドボケイト
第5章　イギリスにおける子どもアドボケイトの実際
第6章　日本の子ども虐待ソーシャルワークの現状と課題
第7章　日本の子どもアドボケイトにおける参加の位置づけとアドボケイトの可能性
第8章　子どもアドボカシーサービス提供のための全国基準（イギリス保健省）
第9章　児童福祉における抵抗のための力としての専門的アドボカシー（ジェーン・ダリンプル）

〈価格は本体価格です〉

施設訪問アドボカシーの理論と実践
児童養護施設・障害児施設・障害者施設におけるアクションリサーチ

栄留里美、鳥海直美、堀正嗣、吉池毅志 著

■A5判／上製／312頁 ◎5500円

施設の外から利用者の思いを聴き、意見や意思の表明と実現を支援していく「施設訪問アドボカシー」を、児童養護施設・障害児施設・障害者施設で実践した経験をもとに分析し、理論化をはかる。本テーマについての日本初のアクションリサーチの研究成果。

——●内容構成●——

- 第Ⅰ部 研究の概要
- 第Ⅱ部 児童養護施設における施設訪問アドボカシー [栄留里美]
- 第Ⅲ部 障害児施設における施設訪問アドボカシー [鳥海直美]
- 第Ⅳ部 障害者施設における施設訪問アドボカシー活動 [吉池毅志]
- 第Ⅴ部 施設訪問アドボカシーの構造と意味 [堀正嗣]

子どもアドボカシーと当事者参画のモヤモヤとこれから

栄留里美、長瀬正子、永野咲 著

■A5判／並製／144頁 ◎2200円

子どもの「声」を大切にする社会ってどんなこと？

深刻化する児童虐待を受けて、子どもの権利保障の重要性が指摘されるが、どうすればそのような社会が実現するか未だ見通せない。本書はアドボケイト、当事者参画という視点を軸に、子どもの「声」の回復と支援に求められるエッセンスを平易な言葉で伝える。

——●内容構成●——

- 序章 子どもの「声」の回復と支援者の立ち位置
- コラム 子どもの「声」を引き出す絵本…「ちいさなとびら」という活動
- 第1章 聴かれる権利を必要とする子どもの「声」と子どもの権利
- コラム 社会的養護における5つのステップとチェックリスト
- 第2章 アドボカシーとは何か——環状島の地形を変える
- コラム オンブズマンとアドボケイトの違いは？
- 第3章 社会的養護における当事者参画——環状島の上から「叫ぶ」
- コラム 会議や検討会への当事者参画
- おわりに モヤモヤとこれから～「わきまえる」を求める社会に抵抗するために

〈価格は本体価格です〉